それ、勝手な決めつけかもよ？

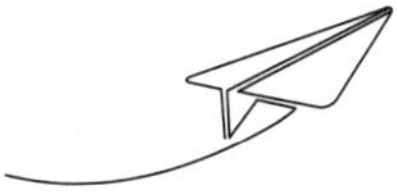

だれかの正解にしばられない「解釈」の練習

阿部広太郎

Discover

事実というものは存在しない。存在するのは解釈だけである。

ニーチェ

コロナ禍で何度、
この言葉をかみしめただろう。
そして、自問自答した。

目の前に現れた厳しすぎる現実。
これは、事実じゃないのか？

悔しいこと、苦しいこと、切ないこと。
どうしてこうなるんだって下を向いた。
スマホでＳＮＳに目を向けてみれば、

追いきれないほどの情報が迫ってくる。
スクロールしつづけて、ふと虚しくなる。

今は、正解のない時代と言われている。
だけど、だれかが見つけた正解に、
飲み込まれそうな自分がいた。

胸のつかえがおりたのは、
オンライン講義のおかげだった。
ステイホームの日々、
コピーライターとして
自宅からいくつもの講義に登壇し、
全国各地の参加者に語りかけた。

伝えているのは、物事の見方、捉え方。
考え、見つけ、言葉にして分かち合う。
それは広告づくりの取り組み方、そのものだ。
距離を超えて、教室にいるかのように熱を込めて。
そしたら想像以上に、受け取ってもらえた。

「気持ちが楽になりました」
「心がふっと軽くなりました」
「肩の荷が下りて救われました」

ありがたすぎる言葉に胸が熱くなり、
そして遅ればせながら気づいた。
自分のしてきたことはまさに、
ニーチェの言っている「解釈」なんだ。

もうこのままだと厳しいだなんて、
勝手に決めつけていたのは僕じゃないか。
だれかの言葉に振り回されなくていい。
だれかの正解を鵜呑みにしなくていい。

目の前にある現実をどう捉えるか？
それは僕が、あなたが、
決めることができる。

勝手に自分を諦めない。
勝手に自分を決めつけない。
勝手に自分をみくびらない。

心に漠然とした閉塞感を抱くのは、
解釈が足りないだけかもしれない。
積極的に解釈してみる。
目の前に立ちはだかる壁にも、
見晴らしのいい窓があるかもしれない。

今のあなたのままでいい。
無理に変わろうとしなくていい。
代わりに時代が変わってくれるから。
心がざわついた時こそ解釈の出番だ。
解釈を変えれば、可能性が見えてくる。
より良い方へと僕たちを運んでくれる。

取り返したい過去を、向かいたい未来を、
自分の現在を中心にして解釈することで、
納得できる日々をたぐり寄せることができる。
今が一番だと自分を肯定することができる。
そう、すべては解釈次第。

僕は、ニーチェにこうアンサーする。

解釈は自分を肯定する翼。
だれかの正解にしばられず、
不安も心配事もやわらかく受け止め、
少しずつでも、自分らしく生きていく。
過去の後悔も、未来の不安も、
自分の正解に変えられる。

自由への翼を、一人でも多くの人に広げていきたい。
羽ばたく練習を、あなたと一緒にしていきたい。

これが僕の使命だ。
だからこそ、
一通の「招待状」をあなたに渡したい。

「はじめに」という名の「招待状」

僕の感じた痛みは、僕だけのものだったはずがない

今からするのは、僕が「解釈」の大切さに気づくまでの話だ。

2020年4月7日。

緊急事態宣言、発出。

ニュースを知らせる通知がスマホに出る。

タップして、すぐに読んで、もう一度頭から読み直して、うつむいた。

というより、どうしようもない現実に、うなだれた。

連日、その繰り返しだった。その一週間前、一つの決断をしていた。

コピーライターの僕は、2015年から自ら学びの場を立ち上げ、主宰している。

その名は、「企画でメシを食っていく」（通称：企画メシ）。

テレビ、音楽、映画、編集、お笑いなど、あらゆる業界の最前線で活躍するゲスト講師の方をお招きし、企画する力を育む連続講座だ。

参加者は選考を経て決まる。学生から社会人まで30名と少人数。

横浜みなとみらいのシェアスペース「BUKATSUDO」に集い、講師から熱のこもった話を聞き、語り合い、それぞれの現場に持ち帰る。

一人でも多くの意欲に満ちた方たちと一緒に企画をしたいと思い、2018年からは、「言葉」にスポットを当てた連続講座「言葉の企画」もスタートしていた。

2020年の開講も「さあ、いよいよ！」というタイミングだった。

この学びの場の一番の魅力は、それぞれが電車を乗り継ぎ、リアルな場に集合し、温度のある時間を過ごすこと。

けれど今、この状況で何十人もが一箇所に集まることは厳しかった。

間違いなく密だ。その密なことこそが魅力だったのだ。

どう考えても開催を見送るしかない。

ブッキングも無事に済んだゲスト講師のみなさんに、力を貸していただく感謝を伝え、後は告知に進むだけ……

そんな状況までたどりついていたから余計に悔しかった。

「見送ることにしました」

登壇をお願いしていたお一人おひとりに連絡するのは、心が細くさけていくような痛みがあった。


この痛みは、僕だけのものだったはずがない。

あなたにも身に覚えがあるはずだ。

行きたかったイベントが中止になってしまった。

歓迎会、送別会を飲食店ですることが難しくなった。

予定していた家族の集いを延期せざるを得なくなった。

先々の予定の中止だけじゃない。

先が見えなくなったことで現れた不安。
呼吸が浅くなるような閉塞感。
これからどうなるのか？　うまくやっていけるのか？
まったくもってわからない……

もどかしくて苦しくて、得体の知れない感情が心に渦巻いていた。

「今は、何かを創造する時間」
ニュートンはそう解釈した

僕自身、不安に飲み込まれかけていた。
くよくよしている自分を認めつつも、何もしないでただ待っているのも嫌だった。
そんな時、自分がいつも講義やワークショップで話していることを思い出した。

HistoryにはStoryがある。

未来に迷った時は、歴史をたどる。そこには、人間が残してきた物語がある。手と足を伸ばしてじたばたするように、これからの手掛かりを何か一つでも見つけたくて、過去に伝染病が流行した時のことを調べた。

目に飛び込んできたのがニュートンの逸話だった。

ビビッと来た。17世紀、ヨーロッパで猛威をふるったペストの渦中に、ニュートンもいた。当時、大学生だったニュートン。

ペストによる大学の「休校期間」を「創造的休暇」と解釈していた。

この考え方を忘れたくない、そしてたくさんの人に知ってほしい。おすそわけをするような気持ちで、Twitterを開いてすぐにツイートした。


想像以上の出来事が起きた。

スマホの通知が止まらないのだ。万を超える「いいね」がついた。

社会情勢を踏まえてしばらく休校期間にする、というのは大学側の解釈。

それをそのまま受け取って、もちろん休んでいてもいい。それも一つの生き方。

阿部広太郎
@KotaroA

ペストの流行があった1665年。ケンブリッジ大学が一時休校。結局、2年間に及ぶ休校になった。ニュートンはその間に、万有引力の法則を発見した。さらに僕が驚いたのは、ニュートンが「休校期間」のことを『創造的休暇』と呼んでいたことだ。今はこの先に向けて、何かを創造する時間でもある。#広告空論

午前0:27 · 2020年4月23日 · Twitter Web App

ツイートアクティビティを表示

4,075 リツイート　**1.5万** いいねの数

でもニュートンは違った。

「そういうものだから」で片付けなかった。

この休みの時間を、創造するための時間と解釈して、可能性を広げた。

もう一つの生き方をたぐり寄せたのだ。なんと鮮やかな転換だろう。

「創造的休暇」

この言葉があることで、ステイホームの時間を何かに活かせないかと心が晴れてくるから不思議だ。

これまでの当たり前が大きく揺らいでいる今。「こうじゃなきゃいけない」という考えに自分をしばりつけてしまいそうになる今。

みんなが解釈の仕方を欲しているのかもしれない、そんな予感を抱いた。

僕は勝手に決めつけてなかったか？
僕はどう解釈したいんだ？

僕はどうだろうか？
どんな解釈をしているだろうか？
緊急事態宣言による自粛ムード。
僕はリアルな場に集まることを延期した。
実際に集まらないと温度のある時間はできないから？
でも本当にそうなんだろうか？
だれが決めたんだろうか？　まだやってもいないのに。
勝手に自分が決めつけているんじゃないだろうか？
僕自身はどう解釈をしたいんだ？

ライブやトークイベントなど、周囲が少しずつオンラインで開催するやり方を模索していた時期だった。

どれくらいの負荷がかかるかわからないけど、僕一人がほぼすべての講義を担当する連続講座「言葉の企画」であれば、ある程度の無理と融通がきくし、オンライン講座として開催できたりするだろうか？

だんだん、だんだん、やりたい気持ちがあふれてきた。

でも、ただ「オンライン講座にします」とは言いたくなかった。

自分なりの解釈を加えたかった。

大先輩のニュートンに学ぼう。解釈で可能性を広げたい。

今は直接会えない、だからオンラインに頼る。そうではなくて、オンラインでなら全国各地どこにいても距離を超えて集うことができる。

そして、いつかこの先、事態が収束した時、待ち合わせをする仲間が全国にいる。

そんな未来をつくれるのではないだろうか？

そう解釈して、こう名付けた。

未来に待ち合わせするための連続講座「言葉の企画2020」

全国から100名の参加者を募り、6月から12月まで、月1回、半年間にわたる連続講座をスタートすることができた。

解釈次第で人の一生は大きく変わる。せっかくなら「積極的解釈」でいこう

ニュートンの逸話をシェアした時に感じた、みんなが解釈の仕方を求めているのかもしれないという予感。

半年間の連続講座、そのゴールテープを切った参加者たちの感想を読んだ時、間違っていなかったと強く思った。

一つひとつの花を集めて完成する花束。

一人ひとりの感想は、それぞれに色を持っていてまさに花束のようだった。
その中から一部を紹介したい。
激動の2020年。
解釈することで、新たな一歩を踏み出した人たちの声だ。

「自分の心や自分という存在を構成するあらゆる感情に名前をつけることは、その感情を前向きに捉えることになり、最終的には幸福に生きる力につながっていく。自分の不安を認めて、自分で言い換えてあげることの大切さを知りました」

「大きく心が動いたら、なぜ好きなのか、なぜ感動したのか、なぜ救われたのか、丁寧にたどるようになったおかげで、自分自身のゆずれない思い、怒りや祈りなどが見えてきました。がんじがらめだった心がほぐれていくような感覚で、私は私のどろどろした部分を見ることができたから、好きにもなれました」

「過去は変えられないから忘れたくなったり後悔したりする、自分をしばるものである……過去はそういうものだとずっと思っていました。しかし阿部さんの『過去は変えられる、今をどう捉えるか次第で』という言葉にすごく救われました」

「言葉の企画」という講座は、プロのコピーライターになる人を増やしたくてはじめた講座ではない。

「伝える」と「伝わる」の違いはもちろん、コピーライターじゃなくても知ってもらいたい言葉術を、学生、社会人関係なく一人でも多くの人に使ってほしい、そうすればきっと日々が変わっていくからという思いが自分を突き動かしてきた。

歴史の教科書に刻まれるであろう2020年を、講座を通して前のめりに過ごして確信に変わった。

僕は広告をつくる際、「物事をどう受け取るか」を積極的に考える。
自分のしてきたこのことこそが「解釈」なんだ。
解釈次第で、人の一生は大きく変わる。
せっかくなら「積極的解釈」でいこう。
今、このことを一人でも多くの人に伝えたいという気持ちに駆り立てられている。

世の中が大きく変わっていく今こそ、自己解釈本としてあなたへ

この本は、自己啓発本というより「自己解釈本」として書いていく。
時間は、過去から未来に向けて一方向に流れていく、というのが世間一般の考え方。
矢印で簡単に表すとこんな感じだ。

過去 ⟶ 現在 ⟶ 未来

かつて僕もこのように捉えていたし、過去の出来事は現在からでは取り返しがつかないと思っていた。そして今、これから未来がどんな風に変化していくのか、たくさんの人が語っている。来たるべき事態に備えるために、どうすれば良いかを考える。それはもちろんとても大切なことだ。

それでも、僕は思う。

世の中が大きく変わっていく今こそ、真っ先に見つめるべきは「自分」という存在なのではないか。

まず自分を、次に現在を解釈し直すことで、自分の心がはっきりしてくる。

そして、自分の現在を真ん中にして、過去を、未来を解釈していく。

過去に思いを馳せ、未来に手を伸ばすことで、どれだけ強風に吹かれようとも決して折れない柳のような芯が通る。

過去に投げかけられた言葉はもちろん、先入観や思い込みで自分を決めつけて、未来をがんじがらめにしてしまうことが往々にしてある。

こういうもんだと諦めて、勝手に自分をみくびってしまうことがある。

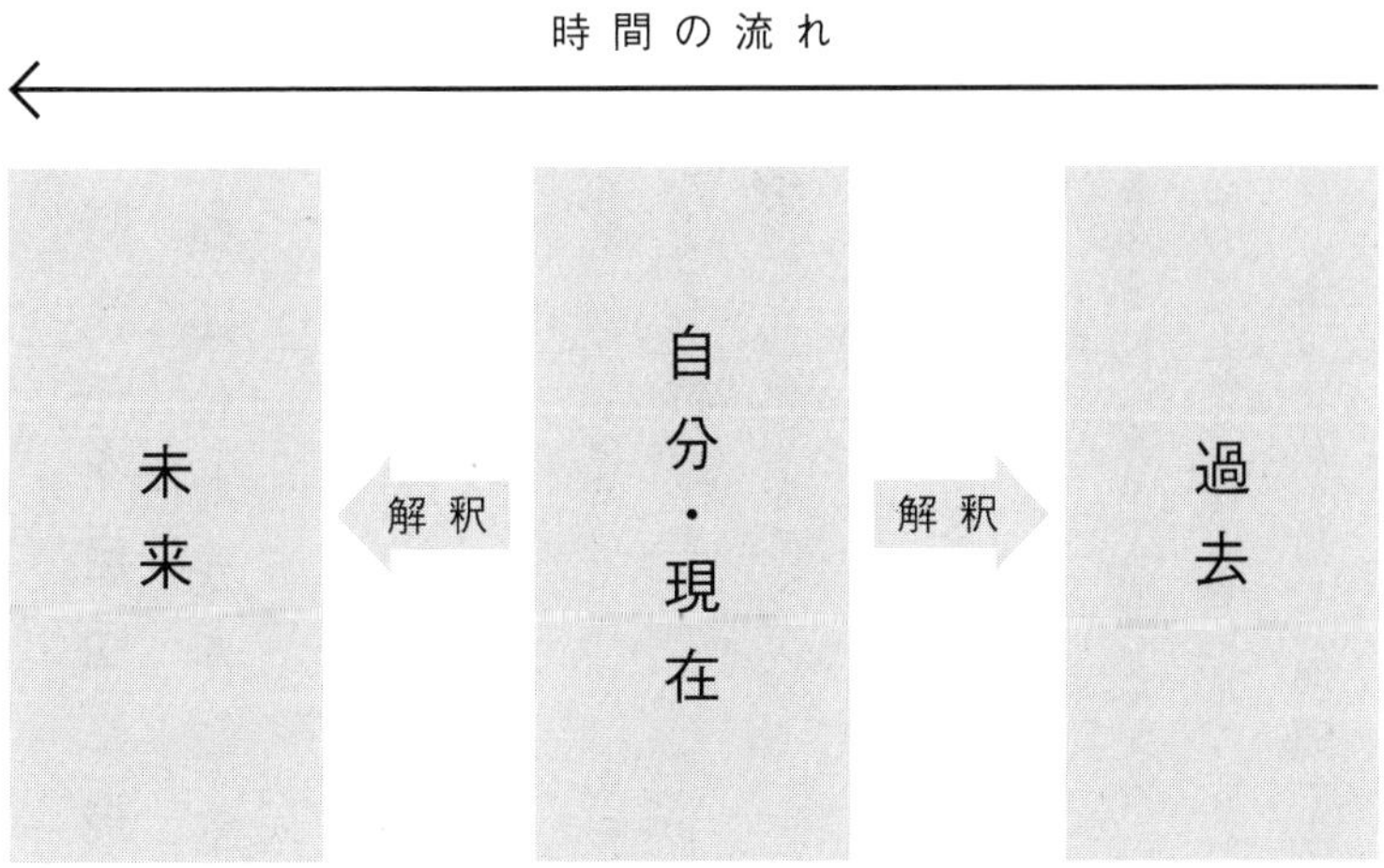

それが僕はとてつもなく悔しい。

こうじゃなきゃいけないなんて、本当は一つもない。

自分の人生の中心は間違いなく自分なんだと知ることが、人生の主導権を取り戻すことになる。

時間の流れは変えられない。

けれど、今ここにいる自分自身から、過去さえも、未来すらも変えることはできる。

そうすることで、他人に、世界に振り回されない。あなたの人生の主人公は、あなた自身だ。

「風の時代」を自由に飛ぼう。
しなやかにしたたかに生き抜くために

丸5年開催してきた連続講座を通じて延べ500名の参加者と向き合ってきた。

そして、各地の中学校、高等学校、大学でワークショップをしてきたことや、オンライン生放送学習コミュニティ「Schoo」（スクー）で、述べ6000名以上の幅広い世代の方たちと一緒に学ぶ中で見つけてきた解釈の仕方を一つずつ記していく。

あなたにも解釈をしてみてほしいし、あなたの中には解釈する力がある。

この本は練習だ。

羽ばたくための練習をともにし、そこから得られる自由や解放感を共有したい。

就職活動に挑む学生のあなたにも、自分自身を見つめ直そうとする社会人のあなたにも、きっと役に立つと信じている。

あらゆることが急速に変化していく令和という時代は、いくつもの考え方が生まれ、まじわり、ぶつかり、新しい普通が生まれていく。

「風の時代」とも言われている。
かたちのないものが意味を持つようになる。想像力や思考力が問われていく。
そんな時代をどう生きていくか？
これから何が起ころうとも、どんな事態に直面しようとも、すべては解釈次第だ。
自分で自分を肯定し、自分らしく日々を歩んでいくために。
しなやかでしたたかに生き抜くために。
この「はじめに」は、解釈を翼にする生き方への招待状。
望んだ未来に待ち合わせをするために。
最後の1ページまで進んでいこう。

第1章 自分篇・自分の知らない自分と出会う

第2章

現在篇・今こそ積極的な受け身を

第3章

過去篇・「今思えば」は魔法の言葉

第4章

未来篇・解釈する先に人は進める

かつての、そして　これからの自分にこの言葉を捧ぐ「それ、勝手な決めつけかもよ?」

自分篇

第1章

自分の知らない自分と出会う

「これはそういうものだから」を、解きほぐして明らかにしていきたい

こういう経験はないだろうか？

周囲が口々にお薦めしている大ヒット映画を観たけれど、自分にはあまりその良さがわからなくて、感覚のズレを感じてしまった。

逆に、自分がとても良いと思っている音楽が、友人からあまり理解を示されなくてさみしい思いをした。

「あれ？　かみ合わないな」と思う、そんな経験だ。

人によって物事の受け止め方や感じ方は違う。すべての人が等しく同じことを感じるなんてことはありえない。それは、解釈の仕方が違うから。

これから解釈についての話を進める前に、あなたと確認しておきたいことがある。

そもそも「解釈」の意味とは何だろうか？

物事の捉え方？　意味を見いだすこと？　理解して説明すること？

どれも間違っていない。辞書を引いてみる。

①言葉や文章の意味・内容を解きほぐして明らかにすること。
また、その説明。
②物事や人の言動などについて、自分なりに考え理解すること。

大辞泉

辞書を引くと、足元を確かめられるような安心感がある。

ここに書かれている通り、あなたと一緒に解きほぐして明らかにしていきたいのだ。

「これはそういうものだから」

なかば無意識に思い込んでいたことを、本当にそうなんだっけ？　それでいいんだっけ？　と見つめ直したい。

絡まったイヤホンを少しずつほぐしていくように、自分の中で凝り固まっていた認識や考えをひも解いていきたい。

当たり前のようにそこにある「自分」という存在。

自分のことでわからないことはないのだ、なんて僕らは思う。

けれど、そう思ってしまうからこそ、早々に自分を「そういうもの」という枠に押し込んでしまうこともあるのではないだろうか。

改めて解釈していくことで、自分の知らない自分と出会うことがこの章の目的だ。


最初に取り組みたいのは、一番大きな当たり前。

「自分の名前」の解釈からはじめたい。

世の中にあふれる「そういうものだから」のリーダーと言っても過言ではないかもしれない。記号みたいに刻まれていて、切っても切れない自分と一体化している存在。

ずっと付き合ってきた自分の名前から解釈をはじめよう。

何万回も書いてきた自分の名前、どうしてその名前になったんだろう？

「自分の名前の由来を調べましょう」

「名前の字の字源／語源を調べ尽くしてみてほしいです」

「その上で、Ａ４・１枚で伝わるようにまとめてください」


連続講座「言葉の企画」で「名前紹介」という課題に取り組んだ。


「自己紹介」ともまた少し違う「名前紹介」。

看板を掲げるがごとく、これまで何万回と書いてきた自分の名前は、どうしてその名前なのか？　どういう由来がそこにあるのだろう？


講座では、「字源」「語源」を調べてみようとも伝えた。

目の前を流れる川の上流に「水源」があるように、自分の名前を構成する一文字一文字も、ある日突然、世界に生まれてきたのではない。ひらがなにも、カタカナにも、漢字にも、成り立ちがある。

それが字の源と書いて「字源」だ。

「語源」についても補足しておきたい。

字の成り立ちをさかのぼる「字源」に対して、「語源」は、どうしてその意味で用いられるようになったのかをさかのぼることだ。

たとえば、「大丈夫」の語源を紹介したい。

中国では成人男子のことを「丈夫」と言い、特に立派な男子を「大丈夫」と言ったそうだ。日本に伝わった時は、「立派な男子」の意味だったが、そこから派生して「しっかりしている」「間違いない」「確かである」の意味でも使われるようになったそうだ。調べてみて「大丈夫」という言葉が似合う人でありたいと思った。

こんな風に語源をたどると、意外なエピソードを知れるのが面白いし、案外そこに示唆に富んだヒントがあったりする。

書店や図書館に行けば「字源辞典」「語源辞典」は置いてある。

けれど、まずはちょっと気軽に調べたいな、という時は、ウェブで調べることができる。

僕の名前の「広太郎」の「広」であれば、「広　成り立ち」で検索すれば簡単に出てくる。

意味も成り立ちも詳しく見ることのできる「漢字／漢和／語源辞典」というサイトが便利で、僕はよく利用している。

自分の名前について、名付け親にその由来を聞いてみる。
そして自分自身で調べてみる。自分の名前に込められた思いを知り、解釈する。
何より、人に紹介できるようになってほしくて取り組んだ課題だった。

名前は子どもへの最初の贈り物であり、そこには願いが込められている

きらりと光る参加者の「名前紹介」を挙げていく。
その前座として、僕の「阿部広太郎」という名前の話をさせてほしい。
父になる前の父のことを僕は知らないし、母になる前の母のことも僕は知らない。
名付ける時、そこにはどんな思いがあったのだろう？

子どもの頃に親に尋ねた記憶はあるものの、曖昧になっていた。

もう一度、なぜ「広太郎」に決まったのか、聞いてみたところ……

両親で話し合ったそうだ。

名前は子どもへの最初の贈り物とも言うし、だれかに依頼するより、自分たちで考えよう、と。

本をよく読む父が、たくさんの候補を考えて、漢字の意味や字画も検証した結果、「広太郎」と「新太郎」という2つの候補から、「広太郎」に決まった、とのことだった――

し、新太郎……⁉　30年以上生きてきて初めて知る事実だった。

不思議な気持ちになった。もしも、新太郎になっていたらどんな人生を送っていたのだろうか。きっと新太郎らしい日々を過ごしているとは思いつつ、もう一つの人生を妄想してしまう。

「名は体を表す」の言葉通り、「広太郎」として生きてきて、僕は今、広告の仕事を生《なり》業《わい》としている。広告会社への就職が決まった時に母が、こんな風に言ってくれたことを覚えている。

あんたの広の字はね、「広告」からとったのよ、がんばりなさい。広告太郎なんだからね。

本当の本当は「海のように広い心を持ってほしい」という願いから名付けてくれていた、というのは知っていた。

それがすべて、とこだわる必要もなく「後から思いを追加していいんだ！」と、なんだかそれが新鮮で驚きがあって、だから今でもよく覚えている。

必然だったんだよと言うかのように、新たな解釈をトッピングする。

これから社会人になって広告という道に進もうとする息子に「あなたは阿部広告太郎なのよ」と、発破をかけてくれる母の言葉が嬉しかった。

「受け取った名前×見いだした意志」で、「こうしていきたい！」を見つける

親が名付けてくれた理由は大切だ。

でも、それは一つの参考資料に過ぎないと強く言いたい。

受け取った名前と、長く付き合っていくのは他でもない自分自身。

自分がその名前に対して、どんな意志を見いだしていけるのか？

そこが何よりも重要だし、自分自身の解釈を加えていくことで、もっと愛着の湧く名前になっていくのではないだろうか。

僕自身も「広」という一文字があるから、広告業界だけにしばられずに、広い視野を持っていたいと常々思うし、「太」という一文字があるから、安定感を意識しながらも、いざという時に大きな勝負ができる太い生き方をつくっていくぞ、と思う。

そう、自分の名前を拠り所としながら「こうしていきたい！」という思いを見つけていければいいのだ。

この課題に取り組むことで、どんな発見があるのか？

僕の名前紹介が前座になったことを願いつつ、実際に制作された「名前紹介」を見ていきたい。

一人ひとりの解釈の編み出し方。

その人がどんな目線で、自分自身の名前に注目したのか？

あますところなく感じとっていきたい。

どの一文字から、どんな思いを導き出すのか。
それは自分で決めていい

阿部愛美《あべまなみ》さんの場合。


フルネームの中でも「阿」と「愛」に着目している。

阿部の「阿」は、「阿る」で「おもねる」と読む。

矢印を大切にしたい

あべ
阿部
まなみ
愛美
阿る – おもね・る
気に入られようとすること
愛 – 字源（漢語林）
頭を一生懸命巡らせて、
相手の心を読み取ろうとする様

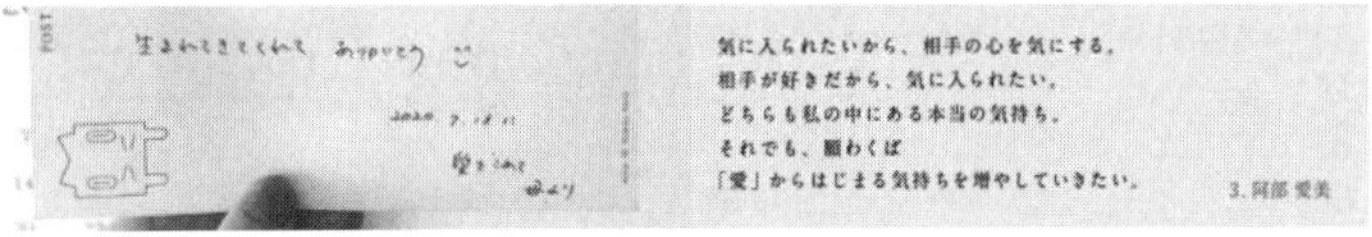
生まれてきてくれて ありがとう
気に入られたいから、相手の心を気にする。
相手が好きだから、気に入られたい。
どちらも私の中にある本当の気持ち。
それでも、願わくば
「愛」からはじまる気持ちを増やしていきたい。
3. 阿部 愛美

「おもねる」とは、人に気に入られようとすることだ。

これは余談で、僕自身も調べているうちに知ったことだけど、「おもねる」は英語で「butter up」と言う。

より美味しくパンを食べるためにバターを塗ることから由来して、「気に入られようと機嫌を取る」という意味になったそうだ。おもねる、という馴染みの薄かった言葉が、バターを塗るシーンと重なって親近感が湧く。

「なんでだろう?」と、興味を持ってあれこれ調べることは、虫めがねを持って公園を歩くようで、そこで見つけた意外な発見は記憶に定着しやすい。

そして、愛の字源は「漢語林」によると、「頭を一生懸命巡らせて、相手の心を読み取ろうとする様」とある。

その2つの漢字に注目しながら、意志を言葉にしてくれている。

気に入られたいから、相手の心を気にする。
相手が好きだから、気に入られたい。
どちらも私の中にある本当の気持ち。
それでも、願わくば
「愛」からはじまる気持ちを増やしていきたい。

どの一文字から、どんな思いを導き出すのか、それは自分で決めていい。
たとえば、「美」という漢字の成り立ちに注目する。
諸説あるが、「羊」と「大」を組み合わせて「美」という一文字が生まれた。
古来、神様へのお供え物として羊は美しく完全であることを求められたので、「大きくて立派な羊」が「美しい」という意味を持つようになったそうだ。

さらに調べていくと、羊の群れが狼に襲われた時に勇気を出して前へ出る。身を挺《てい》してでも守る。そんな大きな羊を「うつくしい」と言ったことから、「美」が生まれたという説もあるそうだ。真偽はわからない。

でも、調べることで自分自身と照らし合わせる判断材料が増えていく。

その上で、しっくりきたり、惹かれたりする思いを取捨選択していけばいい。

「愛」と「阿」から導いた思い。

「愛からはじまる気持ちを増やしていきたい」という思いを、いつも目にする自分の名前に自分で込める。

それは支えになり、とても心強いことだと思う。

花言葉に注目をして、お気に入りの思いを選んでもいい

中川奈津希《なかがわなつき》さんの場合。

小学生の頃、自分の名前の由来を聞く宿題が大っ嫌いだった。

この一文を読んでドキンとした。

小学生の頃、僕もこの宿題に取り組んだことがある。

しかも授業参観の時に発表というやり方を先生が取っていて、親の視線を背中に感じながら自分の発表の番をそわそわしながら待っていた思い出がある。

友人たちが嬉しそうに親から教えてもらった名前の由来を話す傍ら、自分だけ由来がないのが辛かった。今回の課題を聞いたときも憂鬱《ゆううつ》だった。

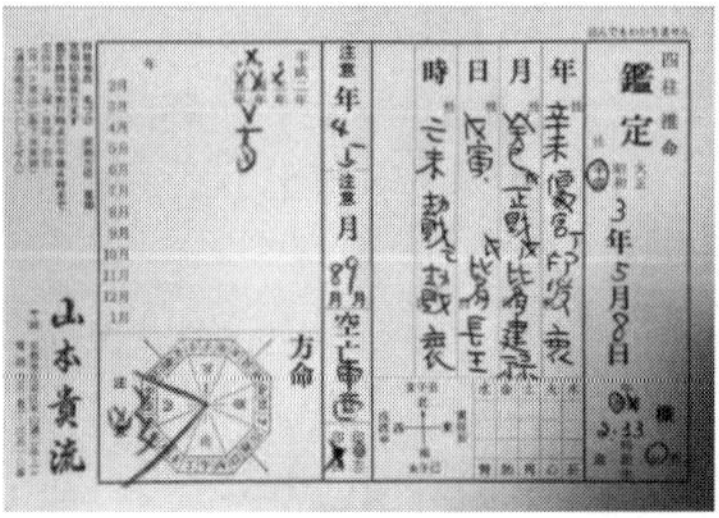

名前紹介

言葉の企画 2020　61番
中川奈津希

吾輩は奈津希である。

名前に意味はない。

私の名前は占いで決まった。候補は5つ。和泉（いずみ）、知子（ちこ）、奈津希（なつき）、真希（まき）、佳央理（かおり）だ。

「なつき」は「奈津希」へ1回で変換できないから良いという理由で決まったそうだ。「レア感が出るでしょう」と母。意味が分からない。小学生の頃、自分の名前の由来を聞く宿題が大っ嫌いだった。友人たちが嬉しそうに親から教えてもらった名前の由来を話す傍ら、自分だけ由来がないのが辛かった。今回の課題を聞いたときも憂鬱だった。ところが、漢字を一字ずつ調べると、漢字に意味があることを知った。

例えば「奈」にはカラナシという意味がある。果物のカリンのことであり、花言葉は「努力」という意味がある。ひたむきに前進してほしいという意味が込められている。あぁ、私にもあった。意味があった。

名前はお守り。

父の家系は代々、占いで名前を決めるそうだ。父は高校卒業後、3年間フリーターだった後、大企業へ就職。叔父は白血病で生死を彷徨ったが見事生還。私にも不自由なく生きて欲しいと占いで名前を決めたそうだ。名前には目に見えない、その人を守る力が働いている。両親は占いでその力を強くしようとしてくれた。名前はお守りだ。大事にしよう。

この先、どんな解釈をしたのだろうという心配は、まったくもって杞憂だった。

「花言葉」という糸口を見つけてくれたのだ。

花言葉とは、花に込められた思いのこと。

もともとは、アラビア地方に花や果物などの小物に意味を込めて贈るという風習があり、18世紀頃にヨーロッパで広まる。そして、日本では明治時代初期に伝わったと言われている。花言葉の例を挙げるとこんな感じだ。


バラと言えば、あなたを愛しています。

コスモスと言えば、乙女の心。

カーネーションと言えば、母への愛。


「ああ！　聞いたことあるかも！」という有名な花言葉もあれば、一つの花に複数の意味があったり、花の色によって全然違う意味があったり。

好きな花を選ぶように、お気に入りの「思い」を選んでくださいね、そんな配慮があるかのような自由度の高さが花言葉の特徴であり魅力だ。

中川さんは、自分の名前の「奈」に注目した。

「奈」には、「カラナシ」という意味がある。

あまり聞き馴染みがないが、カラナシは果物の「カリン」のことを指す。果実酒、ハチミツ漬け、ジャムによく使われているカリン。

そこにある花言葉は、「唯一の恋」「努力」「優雅」「豊麗」「可能性がある」「豊かで美しい」。

ここから中川さんは「努力」を選んでくれている。

ひたむきに前進してほしいという意味が込められている。

あぁ、私にもあった。意味があった。


そこには、ほろりと胸が熱くなる安堵感があった。

名前をつける時に、占いで決めることもあるだろう。その時に、占いの結果はもちろん大切だけれど、どうして親が占いという手段を選んだのか、その思いを想像してみたい。

名前には目に見えない、その人を守る力が働いている。
両親は占いでその力を強くしようとしてくれた。
名前はお守りだ。大事にしよう。

その通りだと僕は思った。
小学生の頃は、自分の名前の由来を両親に聞くのが精一杯だったと思う。
でも今、僕たちは一文字一文字に込められた意味や思いを自ら調べることができる。
そして、意味の先にある意志を自ら見いだすことができるのだ。

両親の思いと自分の行動が重なる、名前の中には物語がある

時田《ときた》心太郎《しんたろう》さんの場合。

母が他界して、11年目の夏。
父は僕の知らなかった話をしてくれた。
「お前が小学生の頃、友達がいじめられて、
その子が学校に行けなくなったとき。
お前、半年間、毎日プリントを届けに
家まで行ってたよな。帰る方向、逆なのに。
母さん、先生からそれ聞いて嬉しそうだった。
名前のような子に育ってくれた、って」
父がつけたと聞いていた、僕の名前。
「人の痛みがわかる、心の優しい人に」
という、母の願いも込められていたことを
このとき初めて知りました。
心（こころ）の語源は「ココル」
もとは動物の内臓をさす言葉でしたが
のちに人間の臓器の意味へ、そして
「目に見えない大切なもの」の意味になったそう。
テストが満点でも、野球でヒットを打っても、
結果自体をあまり褒めてくれなかった母。
「目に見えないものこそ、大切に」
と、伝えたかったのかもしれません。
まんなかに「心」のある名前
時田心太郎

「あの時ね、あなたは覚えてないかもしれないけど……」

親と話していて自分の過去の話を切り出されたことはないだろうか？

聞いている当の本人はさっぱりだとしても、親はつい昨日あったかのように鮮明に覚えている。

親から教えてもらう、自分の知らない自分。

時田さんは、お母さんが自分の話をしていたことを、お父さんを通じて知る。

ご近所さんくらいの身近な距離感で「心」という言葉は存在するのに、僕は「心」の由来を調べたことはなかった。

時田さんの名前紹介ではじめて成り立

ちを知ることができた。

一説によると心の語源は、コル・ココル。動物の内臓を意味していたが、のちに人間の体の目に見えない大切なものを意味するようになったそうだ。

自分自身のキャッチコピーとして時田さんはこう書いてくれている。

まんなかに「心」のある名前

就職活動の面接や、自己紹介の挨拶をしなくちゃいけない時に、自分の名前を活用したコピーを伝えることは、相手の記憶に残りやすい。

「ときたしんたろうのしんは心で、真ん中に心のある名前です」そう伝えることで、「時田心太郎」という漢字５文字の連なりがこちらに語りかけてくる。それは記憶を定着させる働きをし、忘れられない名前になっていく。

名前は人生最大のキャッチコピーだ。そんな言葉を聞いたことがある。

きっと時田さんの中で、日常の仕事で、プライベートで、自分のふるまいに「心」

はあるだろうか？　何かをないがしろにしていないだろうか？　そう問いかけているのではないかと思う。

それは、ふらふらしそうになった時の自分を支える杖になるし、一方で、何も考えずにこなしたいという時には重荷になるかもしれない。

どちらに振れるにせよ、自分の名前を自分で解釈することは、向かうべき先をつかむ手掛かりになる。

名前に託された両親の思いと、過去の自分の行動。

それを今、自分自身が言葉にしてつないでいく。

父と母の目に見えない思いが、そして、見えた瞬間がこの名前紹介にはあった。

名前の中には物語がある。

あなたの名前にも、あなたのまだ知らない物語がある。

名前の育ての親は他ならぬ自分なのだから、自分の希望を込めてしまおう

名前は呪いだ。

そう言う人がいる。

確かに、親から受け取った思いが時にプレッシャーになることもあるだろう。

ずんと両肩と背中にのしかかる「呪い」のようなイメージだ。

ただ、「お呪い」と書いて「おまじない」と読む。

それは、神秘的な力に頼って、願いを叶えようとすることに他ならない。

不幸を祈って名前を考える名付け親がいるだろうか？

だから当然こうとも言える。

名前は祈りだ。

名付け親の期待も願いも把握はする。大切なのはその先だ。

自分は名前をどう受け止めるか？

どう解釈し、どんな意志を見いだすのか？　自分で決めてしまおう。

不思議なもので、名前みたいな人になっていくし、名前みたいな人生を過ごしていくから、自分の希望をそこに込めてしまおう。

自分の名前の育ての親は、他ならぬ自分自身なのだから。

どうしても自分の名前に納得できない場合は、名付け直したっていい。覚悟を決めて戸籍上の名前を変えることもできるし、ウェブ上のハンドルネームを自分で考えるのだっていい。一番長く一緒に過ごす名前を自分で納得のいくものにしていくのは精神衛生上とても良い。

改めて親に連絡をして、名前の由来を尋ねるのは照れるし、気恥ずかしい。そんな時は「この本がそう言ってて……」と、言い訳にしてもらえたら嬉しい。

自分の名前を愛する。そして、誇るためにも自分の名前を旅しよう。

あなたにも、自分の名前の漢字の由来を調べてみてほしいと心から願っている。きっとそこに新しい発見があるはずだ。

名前を大切に呼ぶのは、心をつかむ基本かもしれない

ここまで書いてきた通り、名前にはその人にとって思い入れがあり、愛着があるも

の。だからこそ、自分の名前を大切に呼びかけられたらその相手に関心が向くし、ちょっと嬉しい気持ちが湧き起こるのだと思う。

「今すぐ実践できる、相手の心をつかむための技ってありますか？」


以前、こんな質問をもらったことがある。

そんな魔法のような言葉術があったら本当に助かるのだけど、実は僕の中で一つだけある。

それは、相手の名前を呼ぶことだ。

自分の名前を呼んでもらって嬉しかった時のことを思い出してみてほしい。その温かな感覚とともに相手の名前を呼ぼう。

直接会っている時だけじゃなくて、電話で会話している時でも、ＳＮＳでやりとりをしている時でも、その場の空気に委ねて、省略することもできる中であえて名前を呼ぶ、もしくは書く。

そうすることで「私からあなたへ」の心の視線が強くなる気がするのだ。

名前を呼ぶことは、心をつかむ基本かもしれない。

くれぐれも、相手のファーストネームをいきなり呼び捨てにしよう、と言いたい訳ではない。距離感を見誤ったやりとりはお互いにとってノーサンキューだし、近すぎず、遠すぎず、適切な呼び方で呼びかけたい。

リモートワークが導入されて、打合せはウェブでするのが当たり前になってきている人も多いと思う。

モニターを挟んで二人ならまだしも、大人数だと会話のボールは宙に浮きがちだし、お見合いして取りこぼすこともある。

「私の気持ちは、あなたに向いている」そのことを伝えるためにも、名前を呼ぶことを意識してみよう。

自分の感覚に目を向けて、「好き」と「嫌い」に輪郭をつけよう

自分の名前について解釈した後は、自分の感覚に目を向けていきたい。

これは、ありか、なしか？

これは、最高か、最悪か？

はたまた、しっくりこない……なのか？

これらを察知する自分の中の感覚、いわばフィーリング。

それは、自分の名前と同じくらいに当たり前にそこにあるものだし、生きてきた経験から導き出されたものである。

たとえば、新しい出会いで、目の前に人が現れる。

また会いたいかどうかをサッと判断していくのは直感的で、生理的で。

どうしてそう思うのだろう？

時に理由を探したりはするけど「う～ん」と、いちいち長々と考える訳ではない。

すべてをそうして考えていたら時間がいくらあっても足りなくなるし「なんとなく」で済ませてしまう場面が多いと思う。

それでも「自分」をひも解いていくせっかくの機会だ。今から解釈して輪郭をつけていこう。自分の「らしさ」が一番にじみ出るのはその人の「好き」と「嫌い」なのではないかと思うのだ。

好きとは、自分の気持ちに素直に向き合うことだと思う

「好き」を、守らないといけない。そう思ったことがある。

コロナ禍でステイホームの日々。心配で仕方がなかった人たちがいる。

それは、就職活動生たちだ。

彼らは今、どうしているんだろうか?

企業についての調べ方、OB訪問の仕方、面接の受け方……

これまでの常識がガラリと変わってしまった。ニュースで幾度となく報道されていたのでご存知の方も多いと思う。採用枠が減るだけでもつらいのに、採用そのものが無くなる、という事態も相次いでいる。

コピーライターになる前は、人事の部署に所属していたこともあり、何か少しでも就職活動生の力になれないかと考え、ラジオをはじめた。

ラジオと言っても、毎週曜日が決まって生放送をする、というスタイルではなく、いつでも聞くことのできるポッドキャストの配信をしている。

その番組のタイトルは「#好きに就活『好き』に進もう羅針盤ラジオ」。

タイトルに掲げた「好き」への思い。

それは、好き勝手に、自由気ままに、やりたい放題やろう、ということではない。

「好き」を見つめるということは、自分の気持ちに素直になることだと考えている。

自分らしさは求められるのに、四方八方からプレッシャーはやってくる。

こうあってほしい、という親の期待。

こうしなくちゃいけない、という周囲の空気。

それらを受け取りつつも、どれも自分を救ってくれる訳ではない。

むしろ、がんじがらめになってしまうこともあるだろう。

それでも自分が、やわらかな感性を持つ生身の人間であることを忘れてはいけない。

「好き」は羅針盤だ。

自分の気持ちに素直に向き合うのも難しい今において、心惹かれる何かを見つけて、そこに向けて歩みを進めていってほしいという思いからつけたタイトルだった。

好きな人と嫌いな人を通じて、自分を浮き彫りにしていこう

自分の「好き」と、真逆の「嫌い」。
素直な感情を自覚するためにやっているワークショップがある。

「好きな人」と「嫌いな人」に名前をつけてください。

「好き」と「嫌い」は、言葉になりにくい感覚的な部分も多いけれど、「好きな人」と「嫌いな人」であれば比較的イメージしやすいのではないか？
自分の気持ちを一度見つめてみよう、というのが狙いだ。止められてもまるで磁石

のように引き寄せられていく「好き」という感情。一方で、１ミリでも遠ざけたい、そうはなりたくないと心から叫びたくなるような「嫌い」という感情。

磁石のＮ極とＳ極のような、両極端にある感情を見つめることで、自分が浮き彫りになっていく感覚がある。

生きてきた中で、出会ってきたたくさんの人たち。「好きだなあ」としみじみ思う人もいれば、一方で、「二度と会うもんか、嫌いだ！」と思う人もいたはず。これは決して、好きな人、嫌いな人の実際の名前を書いてください、という問いかけではない。

自分の内面をのぞき込むように「好きな人」と「嫌いな人」を思い出していく。

そして、心に浮かんだその人物像に名前をつけてみたい。

それはどんな人なのか？　「好き」や「嫌い」は、どんな共通項を持っているのか？

あなたならどんな名前をつけるだろうか？

実際にコピーライター養成講座のワークショップで名付けた例を見てもらいながら話を進めていく。

好きな人

創造しい人……橋本直樹
映画版ジャイアン……工藤海斗
実家の毛布みたいな人……宮本璃子
終日快晴……ナリタミサコ
嫌いな人の嫌いな人…吉田クリスティーヌ一輝

嫌いな人

好きは自覚することで、どんどん接近することができる

それぞれの名前を見て、あなたはどう思っただろうか？

好きと嫌いを判断する直感的センサーはどうして働いたのか？

そこに何があるのか、自分で言葉にしてみる。

たとえば、「好き」であれば、何が好きで、どう好きで、どんなところが好きなのか？　そして、その好きを、好きと書かずに伝えてみる。

名付けられた「好きな人」はどんな人なのか、順に説明するとこうなる。

■「創造しい人」　⟶　どんな時も創造することをやめない人

■「映画版ジャイアン」　⟶　普段はちょっとなあ……と思っていてもいざという時、異常に頼りになる人

▒「実家の毛布みたいな人」→まるで毛布で包まれるように、
とてつもなく安心感のある人

▒「終日快晴」→いつ会っても明るくてごきげんな人

▒「嫌いな人の嫌いな人」→合わない人の合わない人は、
きっと嫌いが一緒で気が合う人

今回のお題に取り組む時、まずは自分の感じたことを説明文として書き出すことがスタート地点になる。その上で、「名前をつける」という行為を通じて、自分の感情をちょっと俯瞰して見ることができる。

「騒々しい」をあえて「創造しい」とするように、引用できる表現がないか？
「映画版ジャイアン」のように、有名な物語に似たような状況がないか？
「まるで実家の毛布みたい」のように、何かにたとえることができないか？

好きという気持ちを、のぞきこんだり、離れてみたりしながら、自分の好きの正体を明らかにしていく。

好き、惹かれる、という人物像が見えてきたら「こうありたい」と自分自身にリマインドすることができるし、目指す先が見えてくるとも言える。

「好き」は自覚することで、どんどん接近することができるのだ。

「嫌い」を放置してはいけない。むしろ見つめて楽になろう

名付けられた「嫌いな人」がどんな人なのかも説明したい。

■「レディー・我々」──私が！　私が！　と我が強く、あまりにも主張が激しい人

■「揚げ足鳥太郎」→良いところに目を向けず、
人の揚げ足ばかりを取ろうとしてくる人

■「言い訳大臣」→言い訳しているばかりか、ふんぞり返って偉そうな人

■「縁の下の太鼓持ち」→縁の下で支えるというより、
媚びへつらってばかりいる人

■「妖怪二枚舌」→あっちこっちで人を欺くような
都合の良いことばかり言っている人

「嫌い」という感情の取りあつかいには気をつけたい。

このワークショップをやってみて感じたことがある。

「粗探しをする人」「傲慢な人」「自慢話ばかりする人」など、ダイレクトな表現で「嫌い」を表現する人が多かった。人は、好きよりも嫌いなことを言う方が饒舌《じょうぜつ》になるし、

歯止めがきかなくなるのだと思う。悪口で盛り上がることも、だれしも一度は経験したことがあるのではないだろうか。

だからこそ、オブラートに包むことを心がけたい。

それはつまり、ユーモアに包むということだと考えている。

まず、自分にとっての嫌いな人とは何か？　を捉える。

そこから、「レディー・ガガ」「大臣」「妖怪」のようにみんなの知っている名称にひもづけてみたり、「揚げ足鳥太郎」のように擬人化してみたり、自分の口から外に出る時に、やわらかく包む。

「ああ、なるほど！」と自分にも相手にも受け取りやすくしてあげる。というのも、「嫌いだ」というどす黒い感情は、放置しておくと炎症が広がっていくし、抱えていると支配されてしまう。棘をつくり心の中を転がり出してチクチクするし、考えたくもないのに気になってしまう。そういう時こそむしろ「嫌い」を見つめよう。

「人の振り見て我が振り直せ」という言葉には、なるほど、と思う。

「嫌いな人は鏡に映った自分」という言葉もある。「そんなことあるかな？」と思うし半信半疑ではあるけど、その人を見て嫌だと思う時に自分の心の何かが反応しているのは間違いない。

似た部分があるとしても、絶対に遠ざけたいと思うにしても、それを考えることは、自分の生々しい感情と対峙することに他ならない。そこに痛みが伴うかもしれない。

けれど、正体が見えて、輪郭をつけて、言葉にできたら楽になる。

そこからさらにユーモアに包むことで、壺に蓋をして「封印」の張り紙を貼ることができたような安心感が生まれる。

「こんな人がいてね」と、身近な人に伝えたら共感が生まれてもっと楽になれるかもしれない。

小さなＳＯＳを見逃さない、それは自分の魂を救うから

「嫌い」の話をする中で、こんなリアクションをもらったことがある。

「すみません。たくさん考えてみたのですが、人に対して『嫌いだな』と思う感覚がなく、『嫌いな人』を探せませんでした」

「全然大丈夫ですよ」と僕は答えた。

思いつかないことに謝る必要なんてまったくないし、無理して「嫌い」という気持ちを見つけようとしなくていい。

一つだけ伝えたいのは、「嫌いだな」でなくとも、「苦手だ」「関わりたくないな」という気持ちに敏感になっておくことは自分を守ることにつながるということだ。

プライベートでも、仕事でも、すべての人との人間関係を良好に保てるスペシャリストはそういない。

いや、もしかしたらそんな人はこの世にいないかもしれない。

遠藤周作が小説『留学』（新潮文庫）の中で、こんな一節を書いている。

人生におけるすべての人間関係と同じように、我々は自分が選んだ者によって苦しまされたり、相手との対立で自分を少しずつ発見していくものだ。

真剣に生きていたら、どこかで衝突してしまうのが世の常だと思う。そこで生まれる感情のさざ波から自分を発見していくのは間違いない。その一方で、相いれないネガティブな感情が出てくるのは、自分の心が放つ小さなＳＯＳでもある。

自分のピンチに目を逸らさず、自分に手を差し伸べてあげよう。

一番厄介なのは知らず知らずのうちに「嫌い」に蝕《むしば》まれることだし、ストレスをいつの間にか受けいれてしまうことだ。

まずは察知して、認識するだけでもいい。その後にアクションを起こしやすくなる。

それだけは忘れないでいてほしいなと思った。

ちなみに「ＳＯＳ」というのは、モールス信号における注意を引きやすい記号の組み合わせらしい。けれど、頭文字を取って「Save Our Souls」の略として捉えている人もいるそうだ。

心に芽生える強い感情を漠然と漂流させておかず、「これにつかまって！」と、言葉という名の浮き輪を投げてあげる。そして、すくいあげる。「好き」と「嫌い」を解釈することで、私たちの魂は救われる。それは言い過ぎではないと思う。

自ら意識的に選んだ仕事でも、揺れて、迷って、戸惑うことがある

第1章の最後、解釈したいのは「自分の仕事」についてだ。
自分の名前に、自分の好きと嫌い。当たり前のように自分の心に存在していたその2つの解釈を経て、今度は自ら意識的に選び取ってきた仕事について解き明かしていきたい。

早速、あなたに問いかけたい。

あなたは今、どんな仕事をしていますか?

「仕事」と書いたけれど、時間を割いて取り組んでいることであれば何でも良い。学

生の方であれば、学業だってそうだ。

おはようからおやすみまで。

毎日、自分が時間を注いでいること、習慣として取り組んでいることを思い浮かべてほしい。

「自ら意識的に選び取ってきた仕事」

先程僕はそう書いたけれど、日々を積み重ねていけば、どうしても初心の色鮮やかさは薄れていく。

仕事に慣れることはいいことだけど、同時に刺激は小さくなっていく。

自分で選択したはずなのに、人間関係に、目の前の仕事に疲弊して、なぜ今このことに取り組んでいるのだろうかと見失う時だってある。

それでまったくもって問題ない。

揺れて、迷って、戸惑うのが、人間だから。

もう一度、思い出せばいい。

あなたも何かのプロだ。あなたしか知らない世界がある

自分の仕事を、自分自身はどう捉えているのか？

まずは深呼吸、姿勢を正して、自分に投げかけよう。この問いを自分の心の井戸に掘り下げていった時に、そこには思いがあふれていると思うのだ。

不安と期待が混じった初心。秘かに抱いていた目標。それに、野心や野望。

汲み上げてきた思いを、見つめて、触って、包み込んで、自分なりに名前をつけてみよう。そうすることで、原点回帰ができて、心が整う感覚を得られる。

さらには、相手に自分の仕事を紹介しやすくなる。

「私はこんなことをしているんです」と胸を張って語りやすくなる。

イメージは、あの番組だ。

ＮＨＫの人気ドキュメンタリー「プロフェッショナル 仕事の流儀」。

終盤で、お決まりの問いが出演者に投げかけられる。

「プロフェッショナルとは、」


このテロップの後につづく、プロフェッショナルたちの肉声。

どうしてそこまでして打ち込むのか、自分の仕事にかける思いを語る。

静かに、けれど熱く語る姿に視聴者は釘付けになる。

これは僕の推測も入るけれど、番組に出演するプロフェッショナルたちは、何度も、何度も、しつこいくらいに自分の仕事の意味を反芻《はんすう》してきたのではないだろうか。あの問いかけにぶっつけ本番で答えている訳ではないはずだ。


あなたも何かのプロだ。あなたにも仕事のことを語ってほしい。

僕の知らない世界をあなたは知っている。

仕事について、いきいきと語る姿を見られることはこちらも嬉しい。

よし、それでは「仕事」について解釈していこう。

仕事をサバイブする中で、奥底にある生きた言葉を獲得する

先陣を切って僕の仕事への解釈を紹介したい。
僕の仕事はコピーライター。
コピーライターという職業に、どんなイメージを抱くだろうか？

オシャレな言葉を書く人？
お笑い芸人さんみたいにうまいことを言う人？
広告に入っている言葉を書く人？

こんな感じかなと思っていたのは他ならぬ僕自身だ。
オシャレって何だよ、とかつての自分にツッコミたくなりつつ、コピーライターになる前の僕は、超ざっくりとした表面的なイメージしか持っていなかった。

仕事をするということは、上辺を眺めるのではなく、水中にダイブすることに似ている。あやうく溺れかけて先輩に助けてもらったり、泳ぎ方を覚えてなんとか自力で遠くまで行けるようになったり。

「この仕事とはどんな仕事か？」

素潜りで絶品のウニを手に入れるように、サバイブしていく中でだんだんその奥底にある生きたリアルな言葉を獲得していく。


仕事をしながら僕自身が思ったことはこうだった。

コピーライターは、普段みんなが当たり前のように使っている言葉をあつかう。

言葉を選び、言葉を磨き、言葉を贈る。

その結果、人と人をつなぎ、商売をつくり、経済を動かす。

そしてこう名前をつけた。

コピーライターとは「言葉をあつかう商人」なんだ。

「コピーライター」というような職種の肩書きじゃなくてもいい。

自分が働いている業界について、自分なりに解釈するのもいい。

僕の場合なら「広告業」。

「広告業って、いわば、○○業だと思うんです」

そんな風に言うとしたら、広告という仕事にどんな名前をつけるだろうか？


新しい商品やサービスを世の中に出す。それを世の中の人に知ってもらいたい。広告は企業側と生活者の間に立つ。メッセージを考え、広告は完成し、世の中にお披露目していく。ただ、目立てばいい、という訳ではない。受け取った人の中で、惹かれる気持ちが芽生えることがゴールだ。

その広告があることで人の関係性は変化する。赤の他人だったのが、友人くらいになれたら理想だけど、少なくとも気持ちを通わす関係者を増やしていく。

だから広告業は「関係創造業」でもあるのだ。

そんなことを以前、考えたことがある。

自分の経験だけじゃなく、見聞きしてきたこともスパイスに

自分の経験だけに限定する必要はない。

職場の先輩から聞いた話や、仕事密着系ドキュメンタリー番組で話されていたことを参考にしたって良い。


「広告の仕事は、紙と鉛筆で世界を変えられる仕事」


これは以前、会社の先輩から教えてもらった言葉だ。

世界の見方や捉え方、それこそ解釈の仕方を世の中に届けるのが広告の仕事だから、たった一行の言葉でも、みんなの世界を変えられるんだ、と。

グッときてしまった自分がいた。

もちろんちょっと大げさな部分もあるし、今は紙と鉛筆じゃなくて、たいていパソ

コンで書いているとツッコミも入りそうだけど……

仕事を語る上で、少々のロマンチックは必要だと僕は思う。どんな風に解釈するかにドラマがある。額に汗する自分を誇れるような、そんな気持ちを込めていい。


地図に残る仕事。


このコピーは大成建設の企業スローガンだ。

建築を通じて、世界にどんな変化をもたらす仕事なのか？

建築業とはつまり、地図に残る仕事なのだ。

この言葉があることで、何のために働くかをイメージできる。

だから日々のモチベーションにつながる。

自分の経験をベースにしながら、見聞きしてきたこともスパイスとして加えて、納得のいく解釈をしていこう。


大学で、企業で、ワークショップをしてきた100名分の「自分の仕事に名前をつける」をここに紹介する。

十人十色ならぬ百人百色の解釈を感じてもらいたいし、「自分ならどう名付けるかな？」という視点で見てもらいたい。

- 学生→夢の火薬庫 …… 内田泰歩
- 学生→歩き回るスポンジ …… もりはる
- 学生→経験投資業 …… 森田健太郎
- 学生→未来に向かう青春18きっぷ …… 山下遥
- 学生新聞の記者→青春を切り取る者 …… 遠藤なみか
- 応援団→最強のゾンビ …… 廣瀬丈也
- 専業主婦→24時間縁の下の力持ち …… 田倉香代子
- 人事→働く仲間前向き化大作戦 …… 宮野内雄樹
- 人事担当者→社員の思いを会社に伝え、会社の思いを社員にわかりやすく伝える「社内の通訳」 …… 元田千絵
- 人事部育成担当→成長の後押し屋 …… 原万里子
- ライター→変わるきっかけ提供人 …… 佐藤純平
- ライター→思想・価値の照明さん …… こば
- ライター→見えない景色を見せる人 …… 片岡由衣
- PRライター→気持ちの翻訳家 …… 藤岡優希
- コピーライター→ストーリー・テイラー（その人に似合う、物語の仕立て屋） …… 時田心太郎
- 歌人→たった31歩の終わらない旅を続ける人 …… 木下龍也
- アートディレクター→「お似合い」を見つける人 …… 阿部愛美
- グラフィックデザイナー→思いの翻訳業 …… Nakashima Hiroshi
- 写真家→魅力を引き出すVisualizer …… 後田将人
- カメラマン→思い出宝箱の鍵屋さん（たった一瞬の一枚でたくさんの思い出が浮かぶから） …… 原さくら
- 編集者→「おもしろ」拡声器 …… 郡司しう
- 教育系編集者→子どもらしい子ども時代を守り育てる仕事 …… Kato Saori
- ソーシャルグッドな編集者→社会変革人 …… 富山恵梨香
- 雑誌作り→あなたとだれかの架け橋 …… 三宅里佳
- 自治体広報誌編集→地域の自己肯定感爆上げサポーター …… 甲斐梨花子

- 出版業→新しい視点を届ける……西川なつか
- 書店営業→多様な価値観の届け人……橋本莉奈
- 広告業→サービスや商品の翻訳家……和田周子
- 広告業→世の中に「!」を生み出す仕事……高橋かのん
- 広告業→作り手の想いをラブレターにして届ける仕事……宝来麻矢
- 広告プランナー→魅力発見人……高岡菜々美
- 企画屋→最高・最良・最善を一緒に考え、実現するパートナー……ケンガクタツキ
- 企画屋→笑顔収集家……水口達己
- WEB広告業→最後の後押し業……松山胡桃
- デジタル系広告制作→小さな画面から大きな世界へ連れて行く案内人……さとうゆか
- IT業→遊ぶための時間、確保人……佐藤静香
- SE（システムエンジニア）→世の中をちょっと便利にする仕事……米澤知可
- SEO担当→Google塾の先生……大塚亮哉
- メディア広告営業→しあわせの橋渡し……髙石美由紀
- ラジオ放送業→声でとなりに寄り添う業……沼田慎一郎
- ラジオディレクター→鼓膜と心を震わせる仕事……茶圓恵太
- テレビ制作会社アーカイブ担当→あー！コレを探してた！と言わせる職人……いつか
- YouTube映像編集→魅力ひきたて業……新保有未
- 放送作家→エンタメハウスの大工……秋月美穂
- 番組制作→才能と社会をつなげるフィルター……中林紘夢
- イベント制作業→感動制作業……坂本真瑚
- イベント制作業→不可能を可能にする業……古井貴
- イベントプロモーション→国民外出奨励業……河塚愛
- プロモーション業→感動シェアリング業……金子直哉
- Webデザイナー（UI・設計）→体験をつなげる忍者……小島安矢

■デジタルマーケティング→国境の隔たりをなくす ……………………… 小池永莉

■マーケティング→新たな出会い創出屋さん ……………………………… 星野正太

■ブランドマーケター→頭の中をそのブランドのことでいっぱいにする仕事 ……………………………………………………………………………… 松本典子

■プランナー→夢を語る人 ………………………………………………… ふくままさひろ

■インフルエンサー→「夢」代行業者 ……………………………………………… 5歳

■アナウンサー→優しく・強く・誰かを照らす人 ………………………… 徳田葵

■PR→だれかの「好き」を生み出す人 ……………………………………… 勝田彩

■広報→ファン第1号業 ……………………………………………………… 稲本朱珠

■広報→人の心に触れる仕事 ……………………………………… Yuri Okamoto

■広報→自社のファンメーカー …………………………………………… 木村涼

■コミュニティマネージャー→その人が輝ける舞台設計 ………… 川西克典

■コミュニティ施設の企画運営→心地よい居場所を一緒に目指す調律師 ………………………………………………………………………………… 平賀めぐみ

■クレーム対応オペレーター→電話ごしの闘牛士 ………… Itsuki Terunori

■ヘアカラーメーカーの研究員→心の彩り創造職 ………………… 水野綾子

■服の接客→物語のはじまり ……………………………………………… 松下恭子

■営業→お悩み解決業 ……………………………………………………… 清水眞奈

■ビール製造→あーおいしいと貴方にいってもらいたい仕事 …… 森田稔郎

■ビール営業→幸福必需品営業 …………………………………………… 吉澤和也

■飲料営業→喉と心の潤い供給業者 ……………………………………… 大澤寛文

■料理人→1日3回笑顔を届けられる人 ………………………………… 折田シズる

■たい焼き屋→小さなご褒美屋 ……………………………………………… 田辺彩

■小さな居酒屋のホール→その地域のみんなの家 ………………… 伊藤美月

■旅行業営業→思い出の1ページを作る ………………………………… ユイタムラ

■宿泊業→暮らしを旅する「試住」の案内人 ………………………… 川辺多恵

■旅行業→一生こわれない思い出作り業 ………………………………… 数田治虫

- 温泉銭湯業→憩いの場を創造する仕事……山口弘人
- チケット会社→感動のインフラづくり……上田千尋
- サービスドライバー→リラックス空間の宅配便……RYO SAKAMOTO
- 空き家カウンセラー（地域おこし協力隊）→移住の仲人……河野瑞紀
- 駅ビル開発→明日へのきっかけをつくる人……大久保忠尚
- 球団職員→「好き」のマジックを点灯させる仕事……酒井俊明
- テーマパーク運営→「夢みたい！」を一緒につくる仕事……野村光歩
- お笑い芸人→すべての言葉で引き込む仕事……梅田優太郎
- お笑い制作→健康推進業……秦法爾
- DJ→ミュージック★タイムトラベラー……Seikô a.k.a Tiger
- ピアノ教師→生涯使える人生のサプリメントを作る人……井上伸子
- 占い師→未来からの手紙を読む人……稲田万里
- アルバム印刷業→おもいでラッピング……小笠原麗
- 福祉業→社会の「大丈夫」を増やす……ゆみ
- 保育園運営→園の下の力持ち……澤田佳奈
- 教育→「自分」で生きていく人をつくる企画……荒川ゆうこ
- 社会教育→学びたい人が誰でも学べる環境づくり……青木千尋
- 科学館勤務→心のほぐしや……中島朋
- 塾講師→「分かった！」製造人……荒川未帆
- コンサルタント→ビジネスの伴走者……ryokan
- 採用コンサルティング→「労働」を「感動」にする仕事……出町祐貴
- キャリアコンサルタント→過去から未来へあなたを連れ出すタクシードライバー……須山幸治
- 信用金庫→地域密着盛り上げ業……松下由希
- 市役所職員→ふつうの暮らしコンシェルジュ……石神慎吾
- 公務員→日常生活の黒子……八木若菜

あなた自身と、目の前にある仕事。その掛け算から世界で一つの言葉が生まれる

ずらりと並ぶ100名の「仕事の解釈」。何度も眺めてしまう。知らなかった仕事に対して、どんどん想像が広がっていく。その名前から、仕事に向けた情熱を感じられてワクワクしてくる。

「人生バラ色より色々」

大学生の時、友人からもらった年賀状にそう書いてあった。一色に染まるよりも、色々を味わえる人生の方が楽しいよね、と教えてくれたことを思い出す。

たとえ同じ仕事だとしても、人によって捉え方は違う。それが面白い。一人ひとり違う人生観があるように、本当に色々な仕事観があり、それを感じるこ

とができる幸せがある。
あなた自身と、あなたの目の前の仕事の掛け算から、世界で一つの言葉が生まれる。
仮に、自分の仕事にうまく名前がつけられないAさんがいたとする。
その隣に僕がいたとしたら、こんな風に質問を重ねていく。
僕のスタンスは「あなたの中に言葉はある」だ。

Ａ「編集の仕事をしてるんですけど、うまく思いつかなくて……」
僕「全然大丈夫です。僕だと、広告業のことを関係創造業って言い換えたみたいに『編集』を言い換えてみると何になりますか？」
Ａ「言い換える時に、どんな工夫をするといいですか？」
僕「一般的にこうだよねという見方は一旦脇に置いておきましょう。自分の場合はこうなんだ、と思うことが大切です。Ａさんは編集の中でもウェブ媒体にまつわる編集ですよね。ウェブ編集の仕事をする時にどんなことを意識してますか？」
Ａ「私の中で編集は『魅力発見』ですかね。編集者は、魅力発見者かな」
僕「いいですね！　他にも、イメージを探すというやり方もあります」

Ａ「イメージ？」

僕「似た状況を探す、たとえるならこんな感じ、を見つけるやり方ですね。広告業なら、僕の中では、一つの掛け声がみんなの気持ちを高めて円陣がどんどん盛り上がっていくイメージがあります。Ａさんの中で編集はどんなイメージが浮かびますか？」

Ａ「うーん……船ですかね、船の進む先をガイドする……水先案内人みたいな感じなんですよね」

僕「水先案内人！　連想ゲームみたいに、そこから浮かんだ言葉をさらに言い換えてみるのもありです。『水先』という言葉をずらしてみる。その仕事を通じて何を案内している人なのか？」

Ａ「ちょっといい未来案内人、とか、きっかけ案内人、とか。みんなが本当は思っていたことの、その先に進んでいく感じなんですよね。最後に、名付けを完成させる時は語呂が良いといいですよね？」

僕「きれいに語呂がそろってないといけない訳ではないですよ。今の時点で、自分がしっくりくる言葉を探しつづけて、この先また見つかったら変えればいいですし」

A「そしたら……『本音の先案内人』かな！　そうします！」

だれかにウケるかなんて一切考えなくていい。大切なのは自分が納得できるかどうか

この会話は僕の妄想ではなくて、実際にあったやりとりを思い出しながら書いたものだ。

珠玉の一案を出さねば、なんて堅苦しく考える必要はまったくない。

連想ゲームを楽しむようなイメージで、書き出していく。

しっくりくる名前をその中に見つけていく。

大喜利みたい、と思った人もいるのではないだろうか？

その感覚は間違っていない。

あるお題に対して、お笑い芸人の方たちが、パネルを次々と出していく。

予期せぬ答えに、思いもよらぬ発想に、僕たちはフフフと気づいたら笑ってしまう。

今回のお題は……

あなたは自分の仕事にどんな名前をつけますか？

「なるほど！」と、100名の解釈の中に膝をぽんと叩きたくなる名前のつけ方もあったと思う。でも、自分が考える時に、だれかにウケるかどうかなんて一切考えなくていい。

大切なのは、まず自分が納得できるかどうか。

その名前にしっくりくるかどうか。それを何よりも大切にしてほしい。

世間一般の「こんな感じでしょ」というイメージのその先にある、自分の肉体で獲得してきた言葉。

名付ける素材を集めるために、問いを重ねて思い出を集めていく。

仕事をはじめたきっかけから、嬉しいことやつらいことや、自分を支えるモチベーションや、その先に何を目指しているか？

入口から出口までを、自分自身にインタビューしていくのだ。
たとえばこんな問いかけを自分自身にしていくと良いと考えている。

どうしてその仕事をはじめましたか？
どんな嬉しいことがありましたか？
どんなつらいことがありましたか？
どんなことがモチベーションですか？
どんなことを目指して働いていますか？

その上で、言い換える。イメージを探す。連想ゲームをしてみる。語呂を考える。
先程の会話の例のように隣に僕がいなくても、あなたの隣にはあなた自身がいる。
考えること、創作することは、自分自身に問いかけていくことそのものだと思う。
自分に問いかけ、思い浮かんだことを書き出していくだけでもいい。
少しずつ、自分だけの仕事観が浮かび上がっていく。
するとどうだろう、一つひとつ迷いながらも決めた名前を通じて、自分にとってお馴染みの仕事がちょっと新鮮に見えてくる。名付けたら愛着が湧いてくる。

今の仕事ではなくて、自分が本当にやりたい仕事に気づくきっかけになる人もいるかもしれない。

自分で選んだ仕事。その仕事への思いは日々変わっていく。

自ら意識的に選んだ仕事に、今度は言葉を選んであげる。

忙《せわ》しない毎日の中で、自分の思いに目を向ける時間をつくる。

その積み上げで、納得して過ごせる日々をつくりだしていける。

小さな寄り道 その1

あなたにはこんな記憶ありませんか？

学校で授業を受けていると、
先生が本筋からちょっと脱線をして、
「実はこんなことがあってね」と、
寄り道するかのように雑談をしてくれる。

遠回りのようで、その話が絶妙に
本題の補助線になっていたりもして。
心地よくて、ほっと落ち着く。
僕はあの時間がとても好きでした。

第2章に行く前に、そんなひと息つく時間を。
あなたへ、手紙を書くように綴っていきます。

漢字って本当に面白いなと思うんです。
「こういうもんだ」って素通りせずに、
辞書でも、ウェブでも、調べてみる。
そうすると意外な意味が見つかって、
アッパーカットを不意打ちで
食らうような衝撃がある。

「聴す」と書いて「ゆるす」と読む。
聴くという行為は、
相手の存在を受けいれること。
だから「ゆるす」でもあるんだ、と。

「企つ」と書いて「つまだつ」と読む。
「企」は「人＋止（趾　あし）」で、
人がつま先立ちをする意を示す。
立ち止まり、先を見ることが大事なんだと、
企画の「企」の字が言っている。

「認める」と書いて「したためる」とも読む。
したためるは、文章を書くこと。
心の声に耳を澄まして、書き出すことで、
自分を認めてあげることができる。

一文字には力がある。

あなたの名前を構成する漢字には、
どんな意味や成り立ちがあるでしょうか？
何十年と付き合ってきた名前の漢字に、
何かあるかもしれない、
そう思うとワクワクします。

大ヒット漫画『鬼滅の刃』で、
こんなセリフがあります。

「生《せい》殺《さつ》与《よ》奪《だつ》の権を他人に握らせるな!!」

自分の命を生かすことも、殺すことも、
それを他人任せにするな。
そんなメッセージとして登場しました。

第1章で取り組んできたことは、

自分の心に誠実に向き合うことです。
ＳＮＳに目を向ければ、
だれかの正解が書いてある時代でもあります。

それでも、自分のことは、
自分で決めていきたいです。
「それな！」と共感したり、
リツイートもしたりするけど、
自分が最初に感じたことは、
自分で守ってあげたいです。
どう生きるかの決定権をだれかに委ねずに、
自分の納得できる正解にたどりつきたい。

「自分の道を、自分でつくる」
その手応えを解釈でつくっていきましょう。

第２章は「現在を解釈する」です。
ここでは、大きく変わっていく「今」を、
「自分」がどう捉えていくのか？
一つひとつ解き明かしていきます。

コロナ禍に突入して、正直、
心がざわざわすることも増えたと思います。

でも、大丈夫です。少しずつでも認めて、
次の章も読み進めていきましょう。

現在篇

第2章 今こそ積極的な受け身を

心の中で波紋を広げていった、「積極的な受け身」というキーワード

「現在」に対してどんな解釈をしていくと良いか？

ぽつんと一滴のしずくが大きな波紋を水面に広げていくように、心の中で反響していった一言がある。

「阿部くんの働き方って積極的な受け身だね」

「東京コピーライターズクラブ」の先輩から何の気なしに言われたこの言葉が、僕の「現在」に向き合うスタンスを決めた。そのクラブは、東京を中心に日本全国で活動するコピーライターやCMプランナーが名を連ねる団体だ。

クラブが運営する、コピーや仕事について会員が語る「コピーライターに訊け！」というポッドキャストの番組があり（現在は終了、アーカイブはYouTubeにある）、そのゲス

トに呼んでもらえたのが２０１５年のことだった。

２０１２年にクラブに加入した新参者の僕にとっては、声をかけてもらったことが光栄で、前のめり気味に収録に参加したことを覚えている。

テーマは「社会人になってからどんな働き方をして今に至るのか？」

約10分ずつのポッドキャストを６本録り。

いよいよ最後の１本の録音をする前の短い休憩で「ふう」と、ひと息ついている時にさりげなく言われたのが先程の言葉だった。

「積極的な受け身」というキーワードをひも解いていくためにも、その時話したことをダイジェストとしてまとめていく。

そっち側に行けたら行けたで、「待つ自分」に気づいてしまった

著者プロフィールに書いてあるように、僕の社会人の経歴は人事局配属からはじま

った。新入社員として学生インターンシップの運営を手伝うことになる。年齢もあまり変わらない学生たちが目を輝かせてプレゼンテーションしている姿を見てジェラシーを抱く。胸騒ぎがした。「そっち側に行きたい！」という自分の心の叫びを自覚する。

そこから4か月後にあるクリエーティブ試験に受かれば異動できる。

キャッチコピーを書く課題が出ることは間違いなかった。

照れや恥ずかしさを超えるだけでも一歩リードできると考えた僕は、いいコピーを書こうと「質」を追い求めるより、審査員にやる気とガッツを感じてもらえる「量」に挑むことに勝算を見いだし、なんとか試験を突破する。

そうしてコピーライターになることができたものの、コピーはなかなか採用されないし、打合せの端っこにいても議論についていくのがやっとの状況がつづく（しんどかった……）。

修行に出向くような気持ちで週末はコピーライター養成講座の門を叩く。

「いい考え」を言葉にするために、泥にまみれるような3年間を経て、コピーライターの登竜門でもある東京コピーライターズクラブの新人賞を受賞したのが2012年だった。

必要とされたくて、結果を出したくて、朝から晩まで猛烈に働く。

制作に携わったCMが世に出るのは純粋に嬉しい。

けれど次第に、「待つ自分」に気づいてしまった。

うわさを呼ぶような仕事の案件が来てほしいと願いながら、上司から一人のスタッフとして選ばれるのを待つ。賞に応募して名だたる審査員から選ばれるのを待つ。

常に「だれかから選ばれるのを待っている」そんな自分に違和感を覚えた。

こうやってずっと働いていくのだろうか？

心が反応する方向に、一歩を踏み出してみる働き方

僕は何のために広告の仕事に就いたんだっけ？

それは……言葉を通じて、世の中に人の気持ちがつながる「一体感」をつくりたかったからだ。

考える力を身につけたのだから、もしも思うところがあるのならば、ただそこに佇《たたず》んでいるのをやめて本当は自ら提案しに行けばいい。

「仕事がくるのを待て!」なんてだれからも言われてない。

一体感をつくりに行けばいいじゃないか。

「やっぱりそうだ!」そう確信する出来事があった。

たまたまFacebookを眺めていたら発見してしまった。

居酒屋「甘太郎」の「名前に太郎と付く人を割引にします」というニュース。

直感だった。

「これを広めるのは広太郎という名を背負う僕の仕事なんだ!」

一瞬でも思ってしまったらもう止められない。

あの日、親が言ってくれた「広告太郎」もここにつながっている気がした。

じわじわと「これは運命だ」という決意へと変わっていく。


便利な時代になったと思う。

直接の知り合いがいなくても、Facebookで連絡することができる。

「こうしたらもっとたくさんの人にこの割引のニュースを知ってもらえます！」

ラブレターのような企画書を書き上げてPDFデータを添付し、送信。

企画書は一人歩きして遂にその仕事は実現した。

「待っていても、はじまらない」を信念に、心が反応する方向に一歩を踏み出してみる。積極的に人に会いに行き、そこで感じたことをもとに何かできないかと考え「これは！」と思ったことを仕事にしていく働き方をしているんです、と語った――

あなたはどんな印象を受けただろうか？

この人ガンガンに動いているじゃないか、と思わなかっただろうか？

恥ずかしながら僕自身、「攻めてるぜ！」と、そう思っていた。

そこで先輩から言われた冒頭の「積極的な受け身」という言葉に面食らう。

「う、受け身……⁉」と一瞬頭が真っ白になった。

そうか、リアクションから
アクションが生まれるのか

言われた時の場所や、相手の表情すら鮮明に覚えている「言葉の記憶」。

あなたにもいくつかあるのではないかと思う。

「積極的な受け身」は僕にとってまさにそうで、その言葉をどう解釈するか自問自答しながら、自分の中での落とし所を考えつづけてきた。

人は、環境に適応する天才だと思う。

学校のクラスでも、部活でも、バイト先でも、サークルでも、職場でも、はじめて足を踏み入れる時の緊張感は特別だ。

ワクワクする人もいるだろうけど、だれでも緊張を胸に抱えているはずだ。

けれど、次第に慣れてくる。環境に、順応してくる。

その場の当たり前を飲み込む過程を経て、ある意味、人は染まっていく。

その後、どうするか？

ドラマ『半沢直樹』の名ゼリフ「やられたらやり返す、倍返しだ」は行き過ぎだとしても、「こうしたらいいいんじゃないかな?」と少しずつ提案をしていくのではないだろうか?


そうか、リアクションからアクションが生まれるのか。

そこまで考えた時にはたと気づく。

学生たちの姿を見て「そっち側に行きたい」と思う。

仕事に喜びを感じつつも「待つ自分」に疑問を抱く。

Facebookで「見かけた」ニュースに運命を感じる。

僕がしてきたことは、先輩の言う通り「受け身」で、まさにリアクションだった。


「思う」「感じる」だけではいられなくて、心の動く方につられてみる。

「感動」の語源は、論語の「感即動(感じるから動ける)」から来ているという説があるけれど、まずは「感じる」からはじめればいい。

リアクション芸で注目を集めるお笑い芸人さんのような派手さはなくていい。

自分の中に生まれる衝動をつかまえて「アンサーを返す」。

これを着実にやっていく感覚だ。

「いやいや、行動しているのがすごいんですよ！」

そんな風に言ってもらえるかもしれない。ダイジェストで書くと内容が凝縮されてしまうけど、ぶっちゃけ行間にはたくさんの「くよくよ」や「うじうじ」がある、一通のメールを送る前に1時間くらい悩む時だってある……本当に。

いてもたってもいられなくなった時だけ動いているのが正直なところだ。

自ら新しいことを見つけてどんどん動ける人もいると思うし、そんな人を僕はリスペクトする。でも、人から与えられたことに懸命に取り組みながら、積極的にリアクションの機会をうかがう、こういうスタイルも大いにアリだ。

そのまま「今」を受け止めない。解釈しながらさばいて心を整える

僕はあなたに提案したい。

現在という「今」に対して、積極的な受け身を取るのはどうだろう？

僕たちが生きている「今」という時代。

ソーシャルディスタンス、ステイホーム、リモートワーク……これまで聞き慣れなかった言葉が当たり前になるほどニュースで飛び交い、「ニューノーマル＝新しい普通」という言葉も登場した2020年以降の今の世の中。

ウサイン・ボルトの100メートル走のように、この数年の変化はトップスピード。

日々状況が変わる様子に、本音を言うとあっけにとられている。

新型コロナのことだけじゃない。

昭和・平成を経て令和になり、あらゆる価値観がアップデートされていく今において、一人ひとりの感じ方はさまざまで、尊重されるべきで。

変わろう、変わろうとあなたが無理しすぎる必要はない。

こんなにも時代が変わっていってくれるのだから、この環境に身を委ねながらも、リアクションという名の「解釈」をすればいい。

自分が流されていくのでも、自分を塗り替えられていくのでもなく、自分を守るためにも、解釈をして働きかけていきたい。

僕たちの手元にあるスマートフォンには、時々刻々と新しい情報が降り注いでくる。そのまますべてを受け止めていたら、あっちこっちに気持ちが乱れて落ち着かなくなる。目の前に迫ってくる事態を、ただそのまま受け止めることはしない。

解釈をしながらさばいていくことで、自分の心の環境を整えていこう。

右向け右の時に、違和感は出没しやすい。それは「ほつれ」で、何かが起こる兆し

最初に、「違和感」を解釈していきたい。

それは、心が発する小さなクエスチョンマークとも言える。

職場の上司から言われたから……

仲の良い友達がそうしているから……

うちの家族がそうすべきと言うから……

右向け右の時に、違和感は出没しやすい。

まわりが、さぞ当たり前のような顔をしているけど、「あれ、おかしいな？」と思う瞬間、あなたにはないだろうか？

周囲の空気に流されない。

おかしいなと思うことがあれば、そのままにせずに丁寧にその理由をたどっていく。

違和感は、ほつれのようなものだと思う。

着ていたニットに、糸のほつれを見つけて「まあいいか」とそのまま放置していたら、後々その小さなほつれがどんどん広がっていって、その服全体がダメになってしまう。

逆に、その時、少しの手間を惜しまず、ぴょこんと出ているそのほつれを見つけて対処することで心地よく着つづけることができる。

そのほつれとは、何かが起こる兆し。

感覚で捉えていたものを、言葉にすることで、分かち合うことができる。

場合によっては、みんなで改善することができる。

「あれ？」と思うことを日々の中で見過ごさないために。

言葉にしていく練習をこれからしていこう。

世の中に感じるあなただけの違和感に名前をつけてください

「さあ、今から違和感を見つけましょう！」

そんな風に勢いよく言われても、正直困惑してしまうと思う。

もしそんな講師の人がいたら「今」まさに違和感を覚えましたと、さっと距離をあけるだろう。

違和感は、ふと、気づくものであり、何かの拍子に現れるものだ。「ふと」は、当て字で「不図」と書く。意図せず、図らずも日常の中でふと舞い降りてくる何かをつかまえられるかどうかが大切になる。

こんな問いをワークショップで出した。

世の中に感じるあなただけの違和感に名前をつけてください。

これから紹介するのは、集まってきた違和感の名前を……

「仕事・働き方」「メディア」「SNS」「生活・日常」「社会」

この5つに分類し、それぞれにつき3つずつ紹介していく。

自分の心に名前をつけること。それは、洋服を選ぶように心の声に言葉を選ぶ感覚だと僕は思っている。違和感への名付けはどれも、心のざわつきにしっくりくる言葉を選んでくれている。

「ああ、確かに！」と共感できるものもあれば、「ん、そうかな？」と逆にそれこそ違和感を覚えることもあるかもしれない。

どちらにせよ、自分がどう思うかに心を配れたらと思うし、日常に対して「こういう見方もあるのか！」という発見があなたの中に生まれたら嬉しい。

仕事・働き方

会の不時着

会議で右往左往して結局何がまとまったかわからないまま終わりを迎えてしまう現象。「じゃ、そういうことで」で締められることが多い。宴席においても「え、今日の会なんだったの？」と、不時着は起きがち。

スタートだけダッシュ！

出社時間、会議の開始時間など、スタート時間はかなり厳格。数分の遅れも許さずダッシュではじめるのに対して、終了時間はあまり気にせず、ダラダラしてしまっている様子。

社会人＝企業人？

日本は「社会人＝企業人」のように捉えているような気がする。それは、すごく狭いくくりだなとも思う。フリーランス・個人事業主の人も多くいるし、もっと「社会人」の多様な在り方が知られていくといい。

メディア

情報飲み放題感

ネットにあふれる情報の「かむ必要のない飲み物感」と、不必要にあふれ出てくる感じ。本当は飲み放題だってそんなに飲めないし、かえってお腹が痛くなりそう。

関心という名の干渉

関心を持つこと＝意見を発し、干渉することと捉えている人が多い。それに伴い、スキャンダルの報道も加熱しているように感じる。干渉せず、そっとしておくことがその人のためになることもあるのではと思う。

早送りでいいのか問題

映画やドラマを早送りする人が増えているそうだ。観るべき作品が多いから？　時短になってコスパが良いから？　その気持ちはわからなくもないが、沈黙や余韻の演出はこれからどうなってしまうのだろう、と思う。

SNS

多SNS人格

Instagramのあなたと、Twitterのあなた。別人になっていませんか？　多重人格というより、今は、SNSによって変わる人格があるのではないだろうか。

突撃！なんでも判定団

SNS上で、他人のリプ欄に突撃し、なんでもかんでも判定する迷惑な人たち。まったく関係ないのに「僕は良いと思います」「それは嘘」などとジャッジを下す。

アイコンコンタクト

ＳＮＳの普及により、目と目が合うというよりも、アイコンとアイコンで向き合い、人がつながるようになった。想像以上に目は嘘をつけないが、アイコンは嘘をつけてしまう。

生活・日常

払い放題

スポーツジムや動画配信サービスなど月額料金を払いながらも、利用しないでいる状態。また、払っていることさえ、忘れてしまっていることがある。

一人、二人、みんな理論

「みんなが言ってた！」とよく聞くけれど、それって実際まわりの何人が言っているのだろう？「一人、二人、みんな」と言うけれど、言っているのは広い世界でまわりの三人だけかもしれない。

隠れプラ

レジ袋は有料になったのに対して、お魚やお肉を入れるビニール袋はなぜだかいまだに取り放題であることに、もやっとする。

社会

らしさの押し売り

「自分らしさを大切に」とはよく言われるけど、らしさを考えれば考えるほど肩に力が入ってしまうし、かえって自分をしばってしまう気がする。

普通理想主義

慣れが「普通」を作り、「普通」が次第に思考を停止させてしまう。人それぞれ普通は違うのに、押し付け合ったり、一つの理想としたりする空気はどうなのだろうか。

人生に、一時停止ボタンがあっていい

今、生き急ぐ人が多いのではないだろうか？　もっとマイペースで良いはずだし、本当は、一時停止してもいいんじゃないか？　旅に出てもいいし、大人になってから大学に行くのもいい。何にもしない時間があってもいいんだ。

受け取ったそのサインは、理想の自分への道のりをつくる

ここに紹介してきた「違和感」を読んでみて、あなたの中にどんな思いが浮上しただろうか？　それを何よりも大切にしたいと僕は考えている。

古代ギリシアの哲学者、ヘラクレイトスはこんな言葉を残している。

世界について知りたいなら、細部を見過ごしてはならない。

すべての物は流転《るてん》していて、自然界は絶えず変化していると考えたヘラクレイトス。もし細部を見過ごしてしまったら、それには二度と会えないと考えたのかもしれない。細部を、丁寧に、根気よく見つめること。そうすることで、むしろ世界が鮮明に見えてくるのだと言ってくれているように感じる。

違和感は、自分が自分に発するサイン。

おかしくないか？

本当にこれでいいのか？

湧き起こる違和感にちゃんと用心する。素通りせずに、自問自答しながら考えてみる。その上で、打ち手を考えて行動に移してみる。

違和感のワークショップでこんなことを教えてくれた人がいた。

違和感とは、大きめの靴。

留学中、上手くいかないことがあって悩んでいたら「自分に合う靴探し」をしているんだよって現地の友人が表現してくれた。

「違和感」には「居心地の悪いさま」という意味もある。

それをどうにかして居心地を良くしていく方法はあるはずだ。

受け取ったそのサインは、理想の自分への道のりをつくる。


あなた「だけ」の違和感に名前をつけてください。


わざわざ僕が「だけ」とつけたのは、違和感はだれに遠慮するものでもなく、あなたがそう感じたのであればキャッチしてほしいという思いを込めていた。

そして、こうも思う。

この広い世界で、あなた一人だけが感じるということはない。

どこかに同じ思いを抱いている人はきっといる。

その人と出会うためにも、心の奥底に眠らせておくのではなく、心の声を発してほしい、そう思っている。

悲劇なのか？　喜劇なのか？
それも解釈次第で変わっていく

「仕事はコントだよ」

会社の先輩からこの言葉を言われた時にずっこけそうになった。しゅんとしている自分がちょっと笑えたし、肩の力が抜けて、気が楽になった。


時々、板挟みになることはないだろうか？

ピクニックに行く時のサンドイッチは好きだけど、仕事において事情の板挟みになるのは本当に勘弁してほしいし、心の中はてんてこまいだ。

一生懸命になればなるほど、右から左から、いろんな意見や考えに挟まれて、あちこちの調整に追われてしまうのは仕方がない。

取引先に強烈な修正を食らって、当初自分が思い描いていた理想からだいぶ離れてしまっているけど、諦めたくない。妥協しちゃおうぜってささやく自分もいるけど、粘りたい。でも、納期は近づいているし、ぐぬぬ、ちくしょう……

なんて思っている時に言ってもらえたのが先程の言葉だった。

そしたら、まるでコントかのように次々とあり得ない事態が巻き起こり右往左往しているステージ上の自分が見えた。いつか笑い話になると思えて、なんとかなるし、なるようになるさと、大きく伸びをすることができた。


人生はクローズアップで見れば悲劇だが、ロングショットで見れば喜劇だ。


今度はエンターテインメントの歴史をつくった大先輩、喜劇王チャールズ・チャップリンの有名な言葉だ。

自らが俳優であり、映画監督・プロデューサーでもあったチャップリン。

カメラで接近してヨリで撮影すれば泣きたくなる悲劇でも、カメラで遠くから全体を撮影したらなんだか笑える喜劇にも見える。

解釈次第で、僕たちの感じ方は大きく変わっていくのだ。

「違和感」の次に、今を生きる僕たちに付きまとう「不安と心配事」の話をしていきたい。

果たして、どう付き合っていくと良いのだろうか？

不安と心配事と同居することが、平常運転になっている今だからこそ

できるだけ前向きに生きていようと思っていても、心拍数の高まりをノック代わりに、不安と心配事は登場してくるし、「おーい」と、その存在を主張してくる。

明日の打合せでうまく案が決まるかな、とか。

今度のイベント予定通りに開催できるかな、とか。

コロナ禍でこれから仕事はどうなっちゃうんだろうな、とか。

もちろん、漠然と頭をよぎるそんな不安をお悩み相談に出したら「大丈夫ですよ」と言ってもらえるだろうなと思いつつも、きっとだれしも不安に追いかけられて、眠

れない夜がやってくることはあるんじゃないかと思う。

これまでの当たり前が、もうそのままではいられない。

不安や心配事と同居して生きていくことが平常運転になっている今だからこそ、自分の中で対処するためのルールを持っておくことはとても大切だ。

イメージはシェアハウス。

自分の頭の中に、思考の部屋が何部屋かあるとする。

「希望くん」も「不安さん」も住んでいる中で、時に存在感が大きくなるネガティブな同居人と、解釈することで程よい距離感で付き合っていきたい。

人との別れを「独立記念日」としたら、心の中で響き方は変わっていく

人と別れること↓独立記念日

作家の原田マハさんが、『独立記念日』（ＰＨＰ文芸文庫）というタイトルの短編集を書かれている。

恋愛や結婚、進路やキャリア、挫折や別れ、病気や大切な人の喪失。

これまで「すべて」だと思っていた世界から、自分の殻を破り、再スタートを切る。

人との別れは、その相手が大切な人であればあるほど、尾を引くし、さみしさは残る。不思議なもので、そのことを「独立記念日」と言い換えたら、少しだけ心の中で響き方は変わる。

下ばかりを見つめていたのが、顔を上げ、次第に空の青さを感じられるような、そんな情景をイメージできる。

かたちの見えない不安や心配事を放置せずに、言葉で居場所を与えてあげる。

それを、日常の中の習慣にできたら、自分で自分の安心をつくれて日々の気持ちが楽になるのではないかと思う。

あなたの不安・心配事は何ですか？　それを言い換えてみましょう。

実際にやったワークショップの例を挙げながら……

・現状を前向きに言い換えて解釈する
・未来を、その結果を前向きに想像して解釈する

この2つの解釈方法を書いていく。
「こういう感じか！」とまずは雰囲気をつかんでもらえたら嬉しい。

①現状を前向きに言い換えて解釈する

物事には裏と表がある。
今自分が抱える不安や心配事。
世界のすべてがそれ一色に思えてしまうけれど、そんなことはない。

その逆が必ずある。
カードを裏返すように、違う見方をしたら何があるのか思いを巡らせたい。
一つ目の解釈の仕方は、現状を前向きに言い換えて解釈する方法だ。
たとえば「恋人と別れる」だとこのようになる。

恋人と別れる↓それぞれが独り身（ソロ）になる↓ソロ活動↓独立記念日

「独立記念日」という言葉に惹かれるのは、前向きな解釈がそこにあるからだ。このように、不安や心配事から見つかる一筋の光を、強がりでもいい、探して、見つけて、言葉にしてみよう。
それでは、この方法での８つの言い換えを紹介する。

現状を前向きに言い換えて解釈する

予定のない夏	→	想像の旅路
オンライン就活	→	交通費0円
気持ちが うまく伝えられない	→	もどかしさの理解者
キャリアの停滞	→	飛ぶための、 しゃがむ時間
STAY HOME	→	FAR MEETS
下宿かつ自粛のため 友達にも会えず 独りぼっち	→	一人じゃない、 自分と一緒に 暮らしてみよう
他人の目が気になる	→	セルフプロデュース が上手い
ずっと在宅で 肥えてしまった	→	ぜんぶ包容力に なります

現状を前向きに解釈するために、「だからこそ発想」でいこう

うまいこと言うなと思うのは、その言葉があることで気持ちの方向性が定まる感じがするからだ。

コロナ禍でどこにもなかなか行けずに予定もつくれないもどかしさを「想像の旅路」と言うことで、一冊の本に手が伸びるかもしれないし、映像コンテンツを楽しもうと気持ちを切り替えられるかもしれない。

「STAY HOME」の口々だけど、オンラインにつなげば「FAR MEETS」、距離を超えた出会いがつくれるとも言える。

プライベートでも、仕事の現場でも、うまいことを言うのは大切だ。

その解釈がやり場のない気持ちに行き先を見つけてくれる。

現状を前向きに解釈する助けになるのは「だからこそ」という接続詞だ。

「今はA、だからこそB」

Aという不安・心配事があった時に、「だからこそ」という接続詞を後につづけてみよう。その言葉が力強く引っ張って、そしてつなげてくれるのは、その真逆にある前向きな現実Bだ。

どうしようかなと思った時こそ、「だからこそ発想」を。

この接続詞を頭の中で泳がせてみてほしい。

チャップリンの名言に重ねると、クローズアップは悲劇だけど違う角度からカメラをのぞけば、もしかしたら良いこともあるかも？　という捉え方だ。

次は、チャップリンの言葉通り、ロングショットで見た時にどう言い換えることができるかを紹介していく。

②未来を、その結果を前向きに想像して解釈する

もう一つの解釈は現状の先にある未来、つまりは結果を想像して解釈するやり方だ。肩の力を抜いて、先へ先へとポジティブに思いを巡らす。

たとえば「恋人と別れる」だとこのようになる。

恋人と別れる↓独り身になる↓その先にはきっと新しい出会いの機会が生まれる↓「この人だ」と心の底から思える人に出会える↓「運命の人と出会うためのステップ」

こんな風に「別れた」からはじまる前向きな未来を想像してみよう。

思考の働かせ方として「その結果、どうなるんだろう？」と、とにかくこの先を考えてみる。不安や心配事が心の中で暴れている時は、その対象にくっついてしまいそうなほど、どんどん近づいてしまうけど、そういう時こそむしろ離れる。

突然ですが、ここでクイズ。

地球上で、もっとも大きな「影」は？

このクイズの答えを知った時、物事を俯瞰して見ることで、いかに新しい見方を獲得できるかを思い知った。

クイズの答えは、「夜」。

太陽が沈んでから、昇るまでの時間。太陽の光が当たらない夜は、地球の影だ。

「どうしよう?」と思う時こそ、ぐぐっと目線を引いてみる。

チャップリンが「ロングショット」と言っているのはきっと「俯瞰して物事を見てみよう」というメッセージでもあると思うのだ。

この方法における、8つの言い換えを紹介していく。

未来を、その結果を前向きに想像して解釈する

今週の仕事量がえげつない	→	金曜夜のビールが死ぬほど美味しい
大学がずっとリモート講義だ	→	クラスメイトとの待ち合わせが楽しみだ
原稿の〆切を抱えすぎている	→	たくさんのゴールテープが待っている
もう25歳	→	25／100
期限付き臨時職員（残り2年）	→	730日チャレンジ
10年後、私の会社ないかも……	→	今は会社の新しい未来創成期
色々やりすぎて身になってないかも	→	今は社会科見学中だ
田舎から上京。都会で生きていけるか不安	→	シンデレラのプロローグ

「きっと」この先には良いことがあると、自分の心の声を導いてあげる

こうして未来に引っ張る力がある言葉の連打を受けると、励みになる一方で「強がりでしょ！」と感じる人もいるのではないだろうか。

先に伝えておきたいのは、鬼軍曹のごとく竹刀を振り上げて「前向きに生きよ！」と言いたい訳ではない。

不安や心配事に向き合う時間だって特別だ。そこに浸る時間があることで、味わえる感情だってある。人の痛みを想像できるようになるし、心の機微を捉えられるようになるのだと思う。

未来を向く考え方、選択肢があるのだと知ってもらえたらと僕は思っている。

「だからこそ」に対して、この解釈をする時は「きっと」という一言を頭に思い浮かべよう。決意や確信、強い要望などを表す言葉だ。

「今はA、きっとこの先B」

今はAという現状だけど、きっとこの先Bが待ち受けていると、自分の心の声を導いてあげる。

紹介した言い換えの例で言うと、「きっと」の先は、金曜日の夜のビールかもしれないし、勤めている会社の勢いのある姿かもしれないし、シンデレラストーリーを駆け上がる自分自身かもしれない。

映画やテレビの主人公は、大変なことや困難が待ち受けていても、なんとかしようとするし、実際なんとかしていく。

自分を物語の主人公だと想像してみる。不安や心配事が生まれたら、むしろそこがドラマのはじまりだ。この先を自由に思い描いてみよう。

なんだかんだ言って、人間はその時々で最良の選択肢を選んで幸せに向かっていく。そう信じてみるだけでちょっと気分は変わるかもしれない。

言い換えたり、この先を解釈したりすることで、日々の迷いや憂いも、心の引き出しにしまっておけるようになる。そして、この先に見つけた思いは旗となり、そこに向かう目印になる。この考え方が、つらくてもこらえてがんばっているあなたの日々の支えになれたらと思う。

自分の不安に目を向けることで、逆に安心する、という不思議

心配事にまつわるペンシルベニア大学の研究結果がある。

心配事の79％は実際には起こらず、しかも残りの21％のうち、16％の出来事は、事前準備で対処可能。つまり、心配事が現実化するのは、たった5％程度だそうだ。

この結果に僕は安堵した。

さらに思ったのは「たった5％？　起こらないからいいや」と放置するスタンスではなく、あえて向き合うことでもっと心が軽くなるのではないかということだった。

というのも、不安・心配事を言い換える課題に取り組んでみて、こんな感想をいた

だいたのだ。

「自分の不安に目を向けることで、逆に安心するというのは、なんだか不思議な気分でした。自分自身の悩みとかもやもやにぶつかった時、それをしっかり言語化することを意識していこうと思います」

自分の心に目を向けて言葉にする、このことを「外在化」と言う。

自らを客観視するのは難しいけど、心に内在していた不安を言葉にして外に連れ出してあげる。

姿かたちを与えてあげるとも言えるかもしれない。

「ああ、君か」と、心の中で暴れている感情を把握する。そうすることで、距離を取れるし、客観的になれる。

物事の見る視点を変えることを心理学用語で「リフレーミング」とも言う。

それは、ここまで僕が書いてきたように、物事を「ポジティブ変換」することだ。

自分をないがしろにする枠組みで物事を見ない。尊重する見方を選ぶ。その積み重ねで自己肯定感を高めていける。

心理学者のアイラ・プロゴフがはじめた「ジャーナルライティング」も紹介したい。直訳をすると「日記を書く」になるが、「書くことによって内なる声に耳を傾ける」ことを指す。

日々の出来事を書いていくことによって、自分の癒やし方を自分で見つけて、自分の人生すら導きはじめるということをプロゴフは語っている。

色メガネという言葉があるけれど、人は誰しも物事を見るメガネを心にかけている。そして、「自分」というレンズを取り外すことができない。

それならば、ネガティブばかりを見つめるのではなく、小さくてもいい、自分の幸福を見つけられるメガネを育てていこう。

コンプレックスも解釈をして、心模様を変えることができる

僕たちの中にある「コンプレックス」もまた、不安や心配事と同様に、心の中に巣食うものだと思う。けれども解釈を通じて、その「巣」を自分だけの特別な「模様」として捉えることもできる。

俳優の方のインタビューを読んでいて、こんなエピソードを知った。

体に痣《あざ》があることを気にしていたけれど、母親に「あなたの偽者が来た時に、どっちが本物かわかるわね」と、自分の証しとして見てくれていることがわかって、気にならなくなったという話だった。

さらにはこんな話を教えてくれた人がいた。

両目の大きさが違うのがコンプレックスで、メイクのたびに「プチ整形をしたいな」と考えていたそうだ。

けれど、左右の目の大きさが違うことを指す「雌雄眼《しゆうがん》」という言葉があり、その特徴を持つタレントやモデルの方も多くいて、魅力的であると言われていることを知って心が楽になった、と。

僕たちは世界で一人の存在だけど、不安や心配事、それにコンプレックスと向き合っている人は、自分一人だけではないと知ることができるのはとても心強いことだ。

落とし物をしてつらい時に、「自分の身代わりになって災難を防いでくれた」という考え方を知って、ほんの少しだけ痛みがやわらいだこともあった。

一人で抱えるのではなく、まずは調べてみること。先人たちが向き合い、解釈の仕方を発見しているかもしれない。

一方で、不安や心配事につけこんだ商売があることも間違いない。だから、複数の情報を当たり、信頼できる人を見つけて安心を手に入れたい。


あなたには今、どんな不安や心配事がありますか？

「だからこそ」で現状を前向きに言い換える。

「きっと」で未来を想像して前向きに言い換える。

この2つを意識して、不安と心配事を解釈していこう。

「時代」という言葉には、人が語りたくなる引力が宿る

「現在」の章の最後に「時代」についての話をしたい。

「違和感」と「不安・心配事」を引き起こす、その時代背景は何だろうか？

移り変わる時の流れの中でも、まとまった年月で捉えると、ある一定の特徴が宿る。

それも一つだけなんてことは決してなくて、多様な「らしさ」が乱反射しながら時間は流れていく。

今という時代には、いくつもの呼び方がある。

最近だと、「ＶＵＣＡ（ブーカ）の時代」という言葉を聞いたことはないだろうか？

Volatility（変動性）、Uncertainty（不確実性）、Complexity（複雑性）、Ambiguity（曖昧性）の4つの単語の頭文字をとった造語で、環境が目まぐるしく変化し、予測できない状態にどんな生き方・働き方をしていくべきかと語られている。

個の時代、コロナの時代、人生１００年時代などもそうだ。

ネット上の記事タイトルを見ると「時代」がよく使われているのを目にする。

「時代」という言葉には「僕はこう思う」「私はこうしていく」と、きっといろんな人が語りたくなる引力が宿っているのだと感じる。

仮説でもいい。時代を言葉で捉えて、えも言われぬ説得力をつけよう

今がどんな時代か、自分で語ってみよう。

すでにニュースで使われている「時代」の呼び方を調べようということではなく、仮説でもいいから、今がどんな時代なのか自分なりの言葉で捉えてみたい。

時代の空気に物申したいことと言ってもいいかもしれない。

自分がニュースに触れて「うーむ」と思うことでも。自分だけじゃなくて「実はみんなこう思ってるんじゃない？」と思うことでも。

それを「〇〇の時代」と名付けてみる。

そして、身近な人に話してみる、もしくはSNSで発信してみることによって、共感を集めて、一気に「自分だけじゃない感」が増していく。それに、ちょっと大げさだけど時代にお墨付きをもらえたような気持ちになる。たとえすぐに共感が集まらなくても、あなたが時代をどう見て、どう生きていくかは、だれかへのエールになるかもしれない。

「時代」という言葉は、仕事においても効果がある。

仮にプレゼンテーションの場を想定する。

「私の実現したい企画は、ただやりたいからやる訳ではなくて、今が『◯◯の時代』だと考えるからこそやるんです」

えも言われぬ説得力がないだろうか？

なんだか耳を傾けないといけない気がしてくる。

時代について議論することができたら、世に繰り出す案をブラッシュアップすることにもつながるし、話は前へと進んでいく。

今という時代の気分を見つめ、時代に名前をつけてください

ワークショップでこのお題に取り組むのも、時代をつかむことで、時代という言葉の持つ引力を活用できるようにするためだ。

ここに10選を掲載する。

きっと時代という言葉の懐の深さを感じてもらえるはずだ。

アグリーカルチャーの時代

かつて日本はアグリカルチャー（農業）の時代でした。しかし今は、意味に共感できるかどうか、つまりアグリーできるかどうかで、時間やお金が動いていく時代になってきていると思う。

イズムの時代

一人ひとりがそれぞれの主義主張を持って、行動したり意見を表明したりするのが「カッコいい」「イケてる」という時代になった。それはもちろん良いこと。だけど、歪んだ正義感を振り回す人たちもいるので、少々の皮肉も。

推しの時代

「推し」とは、推薦する意味の推すであり、人に熱心に薦めることができるほど好きであることを言う。「好き」を気軽に発信でき、それが目に見えてパワーとなる。そして、自分の発信した「推し」から思いがけない出会いが起こりうる時代。

温ラインの時代

リアルな場で顔を合わせる対面に限らずオンラインでも、人の温かさを感じられる時代。インターネット、ＳＮＳがどんな場になるかは使う人次第で、可能なかぎり温度を伝える「温ライン」を目指したい。

グラデーションの時代

オフィスと自宅。企業と個人。男と女。家族と地域。都市と地方。境目は曖昧になり、重なりは広がっていく。個々の色は残しながらも、一体となって新しい色をつくれるかどうかが問われている。

個ネクトの時代

一人ひとりの在り方が問われる「個の時代」であることは間違いないが、個人と個人がつながる「個ネクト」こそが、必要不可欠な時代になっていると思う。

大公開時代

大航海時代ではなく「大公開時代」。いろんな人のいろんなことがネットで公開されている世の中であり、あらゆるノウハウも情報も無料で見られてしまう時代。無料と有料をどう考えるか？　つくり手は考えているのではないだろうか。

問いの時代

すべての商品やサービス、そこから生まれる広告も、答えを提示するよりも、どんな問いを投げかけることができるのかが求められ、面白い問いこそが面白い答えを生む時代になってきている。

手触り感の時代

通販の商品に同封されている手書きのメッセージ、フィルム写真のざらざらとした質感、自分のことみたいにリアルな曲の歌詞、手書き文字のタイトル。簡単に触れ合えないからこそ、自分が触れている感覚「手触り感」を嬉しく感じるし、強く求めている。

脱ぎの苦しみの時代

コロナ禍においてDX（デジタルトランスフォーメーション）が進み、今は、生みの苦しみよりも、脱オフィス、脱はんこ、脱一極集中など、これまで常識だったものを脱ごうと社会全体がもがいている時代。脱げればスッキリする。

「マグカップの取っ手」のように、その言葉があることでつかみやすくなる

いくつもの「時代」を読んでみて何を感じただろう？

この中で、あなたはどの時代を生きているだろうか？


「マグカップの取っ手と一緒、つかみやすくなる」


コピーを書くとはどういうことか、コピーライターの先輩に話を伺っている時に聞いたのがこの言葉だった。

その言葉があることで、いかに対象をつかみやすくなるか？

言葉で取っ手をつくるのがコピーライターの仕事なんだよ、と。

「時代に名前をつける」このワークショップをやって思うのは、時代への名付けは、まさに取っ手であり、姿かたちのない時代がずいぶんとつかみやすくなったということだった。

だれかがつくってくれた取っ手を使うのもありだし、自分なりの取っ手をつくることだってできる。

どちらを選ぶにせよ、日常の中で感じることに向き合いたい。発見を積み重ねていくためにＳＮＳに書いてみる習慣をつくるのもいい。自分の本音を見つめて言葉を書き出していこう。

個と社会は呼応している。きっとあなたらしい取っ手が見つかる。

今を生きる人が何を感じ、何を思うのか？「時代とタイアップする」という考え方

言葉を生業とするコピーライターの仕事をはじめて、今では好きが高じて作詞もし

ている。

メロディーを聴いて歌詞を考える、もしくは歌詞から先に考える。

そのどちらにせよ、レコード会社の先輩に教えてもらったいつも心の片隅に置いている言葉がある。


「時代とタイアップする」


タイアップとは、提携する、協力する、の意味。

音楽業界では主に、CMソングに起用されたり、ドラマの主題歌に決まったりすることを「タイアップ」と呼ぶ。

タイアップすることで露出が増える、もちろんその獲得を目指すことは重要だけれど、何より重きを置かないといけないのは「時代」とタイアップできているかどうかなんだと、その先輩は教えてくれた。


今を生きる多くの人が何を感じ、何を思い、どんな気分なのか？

昨日まで無名だったアーティストが、配信チャートを駆け上がっていくことだってある。それは間違いなく、時代の心を打ったのだと思う。

その境地を目指すためにも日々、自分自身が感じていることを丁寧に観察するのはもちろん、Twitterのタイムラインの空気を感じるようにしているし、トレンドに上がるキーワードからみんながどんな発信をしているのかを把握するようにしている。

時代という漠然としたものを言葉でつかまえるために、僕なりにしている考察を「Z世代」を例にして書いていく。

Z世代を知ること、それは、新しい時代の価値観を知ること

「え、Z世代？　ああ、若い人たちのことでしょ？」

そう、まさにそのZ世代。自分には関係ないかな、と思った人もいると思うし、そう決めつけていたのはかつての僕自身だった。

でも、彼らと話し、彼らのことを知るほどに、これは年齢の話じゃないし、学ぶべきことは山ほどあるぞ、と痛感した。

Z世代を知ることは、新しい価値観を知ること。時代の空気を一番察知しているのが若い世代。流行は若者からはじまり、政治家で終わると聞いたことがある。

これからの社会、世の中に何が必要なのかを感じ取り、考えているのが10代、20代の若い世代。新しい時代の当たり前は若い世代がつくっていく。

まさにその当事者である「Z世代」についてひも解いていく。

ググって、情報をかき集め、自分なりに捉えた2つの特徴

Z世代とは、1995年から2010年の間に生まれた世代のこと。

ちなみに、その一つ前の世代であるミレニアル世代（2000年以降に成人を迎えた世代）が、Y世代と呼ばれていることから、Z世代と呼ばれているそうだ。

一番の特徴としては、インターネットが当たり前にある環境で育った「デジタルネイティブ」な世代であるということ。最初に持った携帯電話がスマホだという人も多いだろうし、TwitterやInstagramといったSNSがコミュニケーションツールになっている。

温暖化をはじめとする深刻な環境問題、貧困、格差、不平等といった社会問題について高い関心を持っていることなど、あらゆるメディアがZ世代について特徴をまとめているし、論じられている。

ググって、情報をかき集め、Z世代の就職活動を追ったドキュメンタリー番組を見て、僕なりに捉えた彼らの2つの特徴がある。

『ブランドよりも自分らしさが大事』
大きい会社に属して安定するより、自分にしかできない仕事をやってみたい。自分をもっと試したいというポリシーがある。自分らしく夢を叶えたい。自己実現に興味がある。

『社会の役に立ちたい』
自分の未来もだけど、その職業の未来も見ている。
今の仕事は好きだし、満足もしているが、
本当に自分がやりたいことは何なのか？
自分は社会にどう役に立てるのか？　常に考えている。
望んだ環境を手に入れたはずなのに、
これでいいのかなと葛藤しながら、きっかけを探している。

時代と呼吸するように世界の今が届く。

コロナ禍で価値観にも変化がある

そして、コロナ禍に入り、考え方や価値観にも変化が起こる。
10代のトレンド情報やインサイト分析を行うマーケティング研究機関「TT総研」（現：memedays）が、2020年の4月に発表していた「10代女性への新型コロナウイ

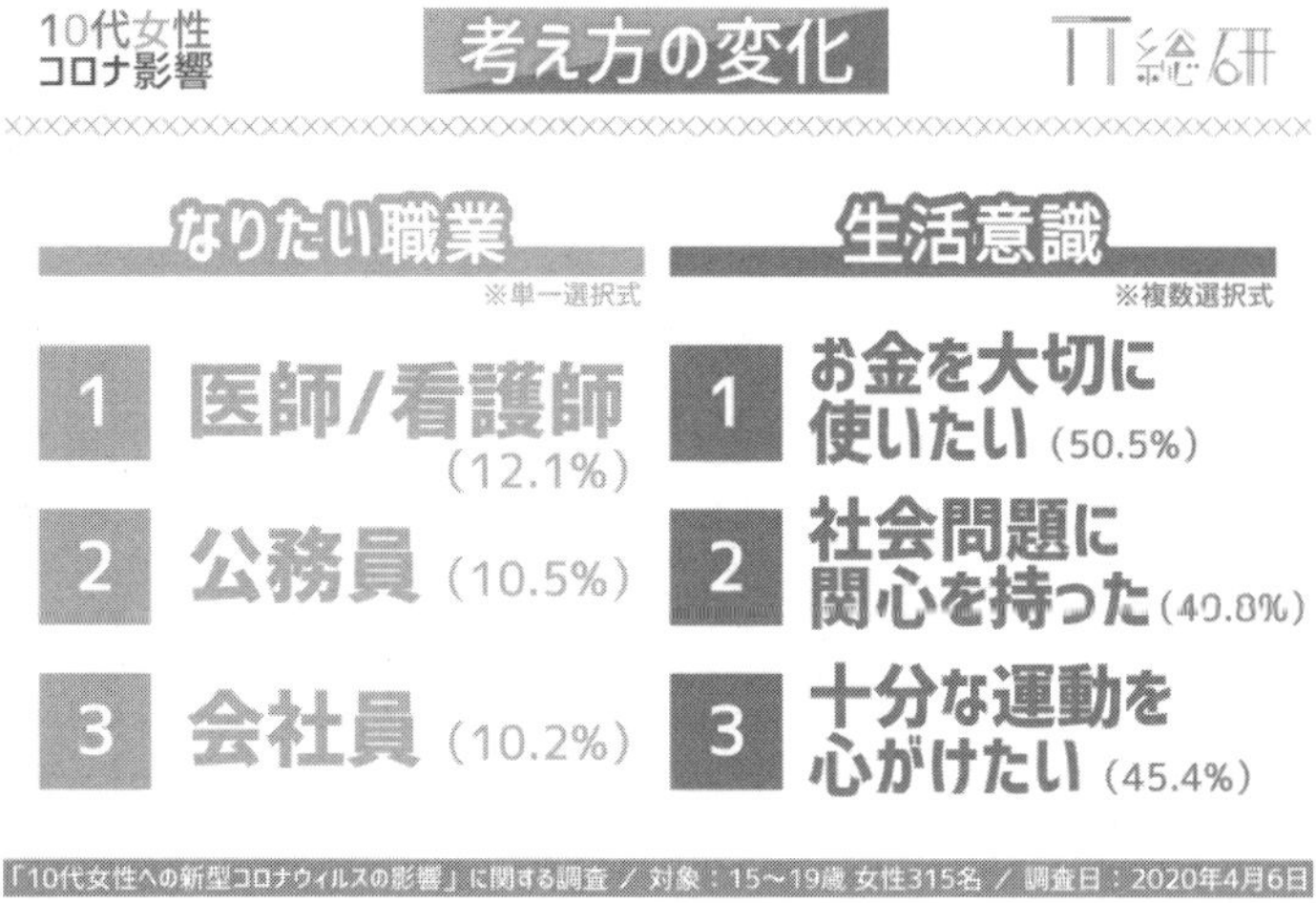

10代女性
コロナ影響
考え方の変化
TT総研
なりたい職業
※単一選択式
1 医師/看護師 (12.1%)
2 公務員 (10.5%)
3 会社員 (10.2%)
生活意識
※複数選択式
1 お金を大切に使いたい (50.5%)
2 社会問題に関心を持った (49.8%)
3 十分な運動を心がけたい (45.4%)
「10代女性への新型コロナウィルスの影響」に関する調査 / 対象：15〜19歳 女性315名 / 調査日：2020年4月6日

引用：TT総研、10代女性への新型コロナウイルスの影響を調査
https://memedays.jp/research/10/

ルスの影響」に関する調査がとても興味深く、調査の発表の一部を抜粋して紹介したい。

　メディアやSNSによって日々発信されている日本経済や医療現場の危機的状況は、もちろん10代の目にも届いています。(中略) 直近1か月でなりたい職業に〈変化〉はあったか具体的に聞いたところ、「医療・保育・国際協力の仕事をしたいと思うようになった」というような社会貢献意識や、「安定を求めるようになった/色々な仕事の現状について調べるようになった」といった安定・現実思考がうかがえる一方、「YouTuber／K-POPアイドルになりたいと思うようになった」といったオンラインのエンターテイメントに対する憧れも見受けられました。


手元にはスマホがある。時代と呼吸するように世界の今が届く。

そこに影響を受けないはずがない。

自分と世界がつながっている。自分に何ができるのかをZ世代は考えている。

先輩世代のみなさんの中にも、この調査結果を見て、僕も、私も、そうだと思った方がいるのではないだろうか？

Z世代の価値観は、実は全世代に存在している。

年齢の話ではなく、重要なのはそこにある価値観だ。

最終的に僕は、こんな風に結論を書いた。


Z世代とはつまり、個と社会で、安定と冒険で揺れる価値観を持つ。

自分の仕事が、人生に、社会に、どうつながるかを常に意識している。

だからもし、Z世代に届けたいメッセージがあるのであれば、強い肯定の意識を持ちながら言葉にしていきたい。揺れる気持ちに寄り添い、より良い社会を一緒につくっていこうと誘う、覚悟のある肯定を。

僕が実際に、企業のコピーや企画のプレゼンテーションをする時も、「今という時代を生きる人の価値観はこうだからこそ、このメッセージが響くと思うんです」という話し方をする。

もちろんこれが絶対的に正しい訳ではなくて、僕なりの一つの解釈だ。

ただ、その解釈があることで、議論は前に進むし、「僕はこう思う」「私はこう思う」とキャッチボールをしながら決定へと進んでいくことができる。

もしも、会議が停滞していると思ったら、自分なりの解釈を繰り出していこう。

自分の本音を置いてけぼりにしない。自分とタイアップしよう

最後に、先程の「タイアップ」の話に戻りたい。

繰り返しになるがタイアップとは、提携、協力を意味する。

時代とタイアップする、それはつまり、届けたい先にいる人のことを何度も考えることだ。「これからよろしくお願いします」と、握手できるくらいに相手を思い描く働き方だと僕は考えている。

そしてもう一つ。忘れてはいけないことがある。

自分とタイアップすることだ。

今、自分自身が本当に思うこと、本音を手放さない。

時代を捉えるにしろ、世代の価値観を考えるにしろ、自分が本当に思っていることを決して軽んじない。

2020年、映画『パラサイト 半地下の家族』で、第92回アカデミー賞監督賞を受

賞したポン・ジュノ監督のスピーチを紹介したい。「社会を映す鏡」とも言われている
アカデミー賞、この言葉は多くの人の心を照らしたと思う。

「私が映画の勉強をしていた時、本で読んだ言葉で今も大切にしているものがありま
す。『最も個人的なことは、最もクリエイティブなことだ』という言葉です。これは、
マーティン・スコセッシの言葉です」

最も個人的なことが、最も良い仕事を生み出していく。
今や、生活に欠かせなくなっているウェブ会議ツール「Zoom」もそうだ。
創業者のエリック・ユアン氏は、中国山東省の出身。大学へ進学したが、恋人と遠
距離恋愛になってしまい、年に2回、電車で10時間かけて会いに行ったそうだ。
電車は激しく混み合っていて、立ったまま眠れるような状態だったと言う。
大学1年生の時にエリック氏は思う。

電車に乗らず、離れていても会話できるものはないだろうか？

その時のアイデアが未来につながり、現在のZoomに結実したそうだ。エリック氏が思いを寄せた当時の恋人が現在のパートナーでもある。

遠距離恋愛の二人が、距離を超えて人をつなぐZoomを生みだしたと思うと、わかりやすい言葉を使ってしまうが、エモい。

マーケティングも、市場分析も大事。

ここまで書いてきた時代を捉えることも大事。

それらを考える時に、自分を置いてけぼりにしない。

自分の心に耳を澄まして、自分の思いを信じる。

自分と協力しながら仕事をつくりあげていく。

やっぱりそれが一番健康的だし、自分と手を組んで、仕事が完成した時にこそ嬉しい気持ちが湧き起こると思うのだ。

小さな寄り道　その2

鵜呑みにせずに考えたいことがあります。

個人の違和感からはじまり、
時代を語ろうという話までを
一緒に考えてきた第2章。

僕の中にある違和感の話も、
この機会に共有させてください。

書店で本のタイトルを眺めるのが好きです。
著者の方や編集者の方が考え抜いた、
人の心をつかもうとする
フレーズに巡り合えるから。
まるで大学の入学式後に列をなす、
新入生勧誘のような賑やかさを心に感じつつ、
ゆっくりタイトルを眺めて歩いていきます。

そんな中、目にした瞬間、ざわっとして、
何度も考えてしまうことがあります。

「〇〇を武器にする」系の文言。
「言葉＝武器」のようなタイトルを
見つけた時に、心がざわざわします。

言わんとすることはわかるんです。
それを何気なく使わないようにする。

攻撃をする剣として、攻撃を防ぐ盾として、
自らを助け、切り拓いていくための武器を、
身につけていきましょう。
そんな心意気があるということはわかります。

でも……言葉は武器なのでしょうか？
振りかざしたり、大きく構えたり、
本当にそれで良いのかなと思う自分がいます。

むしろ言葉とは「勇気」ではないでしょうか。
不安も、希望も、漠然と感じるのではなく、
一歩踏み込んで見つめて、言葉にして、
居場所を与えたり、前に進む力に変えたり。
言葉とは何か？　もしそう問われたら、
勇気としてあつかいたいと僕は答えます。

SNSが当たり前に使われるようになって、
受信だけではなく発信する機会も増えました。
言葉（特に文字）の流通量は以前よりも、
ぐぐっと増しているのではないでしょうか。

SNSにおける誹謗中傷の問題。
ここ数年、痛ましく悲しみがあふれる
ニュースを見聞きすることもありました。
言葉のあつかい方について一人ひとりが、
考えていかないといけないと思います。

間違いなく今は、言葉の時代であり、
言葉のあつかい方が問われている時代です。

あなたにとって「言葉」とは何ですか？

そう問われた時に、自分はどう解釈するか？
ワークショップでそのお題を出して、
よくみんなに考えてもらいます。

こんな風に答えてくれた、
北海道に住む15歳の中学生の方がいました。

決して、武器じゃないし、道具じゃない。
あの時、私は言葉を武器にした。道具にした。
でも、それは違うって気づけた。
かたくもなる。やわらかくもなる。
傷つけられるし、なおすことだってできる。
突き放したり、包み込んだり、
つながれる。つながっている。

言葉とは。
私にとって、言葉とは「枕」だ。
枕があって、安心して眠れる。
枕にも好みがある。綿だったり、
そば殻だったり、ウレタンだったり、
高さが違っても、寝付けない。

その文章につづけて、だからこそ、
枕投げだって、思いやりがあってこそだと、
「言葉」を解釈してくれていました。

「言葉とは何か？」
この答えを一人ひとりが言葉にしてみる。
「言葉とは、人を傷つけるためにある！」

そんな風に解釈する人はいないはずです。
自分と相手との関係性を
考えてみる一つのきっかけになるし、
お会いできるすべての人と
語り合いたいテーマだと僕は考えています。

次の章で解釈するのは過去です。
自分自身の過去をどう解釈していくか？
就職活動でも、転職活動でも、
会社の面談でも、何か転機がある時って、
やたらと、過去の話を聞かれませんか？

過去を捉え直すために、
過去を今につなげていくために、
言うなれば伏線を回収していくために。

解釈の仕方を第3章で書いていきます。

過去篇

第3章

「今思えば」は魔法の言葉

過去の出来事を変えることはできない。けれど、その捉え方や意味は更新できる

よい記憶力はすばらしいが、忘れる能力はいっそう偉大である。

——エルバート・ハバード

「確かに！」と、アメリカの作家であるエルバート・ハバードの言葉に、大きく頷きつつも、心の中で「その忘れる能力はいったいどこで手に入るんだろうなあ……」とつぶやきたくなる。

過去の忘れられない出来事と、どう向き合うかが肝心だ。

もちろん、とびきり嬉しくて幸せなことはいつまでも忘れずにいられるし、よろめきそうになった時の心の支えになる。

一方で、過去に人から言われたしんどい言葉や、人間関係でやらかしてしまったことは、心の中にかさぶたとして残っていて、ふとした瞬間に思い出して、そっとして

おけばいいのに時折つんつんと触れてしまい、血がにじんでくる……なんてことをかつて僕は繰り返してしまっていた。

苦しくて、もどかしい、この感情をなんとかしたいから触れてしまうのだ。

過ぎてしまった時間は取り戻せない。過去はやり直しがきかない。

過去についての一般的な考え方はこうだと思う。

今、僕はこう考えている。

過去の出来事そのものを変えることはできない。けれど、現在から過去を振り返る時に、解釈を加えることで、その捉え方や意味を変えられるのではないか、と。

第3章では、過去を解釈することで、その出来事の意味を更新していきたい。

心の中のかさぶたをそっと見守ることができる。

そして、治癒《ちゆ》へと導いていく助けになれたら嬉しい。

両手で水をすくうように、過去の「あの感情」を受け止めよう

「あの感情に今、名前をつけるなら」


もしもこのお題をもとに文章を書いてほしい、という依頼があったら、あなたは何を書くだろうか?

「あの感情」と言われて思い出すこと。

自分の中で「あの」と言えるくらいの特別な感情。

RPGで言うと、セーブポイントになっているようなタイミング。

それは喜怒哀楽かもしれないし、複雑に混ざり合って忘れられずに心の中に残っている感情かもしれない。

そして、「名前をつける」という行為は「自分」を解釈する第1章で書いてきたように自分自身の認識を更新してくれる。

上書き、とも、アップデートとも言えるし、自分のしっくりくる捉え方を見つける行為でもある。

先程のお題で、文章や写真などのコンテンツをアップできるプラットフォーム「note」にエッセイを書こうというワークショップを行った。

そこには手に汗を握るようなドキドキがあったし、そこにある決意を見守りたくなった。すべては紹介しきれないけれど、3名の「あの感情への名付け」のダイジェスト版を共有したい。

【おばの目にも、泪】

「お兄ちゃんとこ、子どもできたんやってさ」父の電話で知った、産声を上げた命。新しい家族の誕生に、思わず「やったー！」と叫んだ。その1年前には、職場でうまくいかず、通勤時、頭の先を線路の方へふうっと持っていかれるような感覚を抱いたことを思い出す。生まれてきた命の力強い輝き。後日、腕の中ですやすや眠る温かさに、その愛おしさに、胸が熱くなったことを「おばの目にも、泪」と名前をつけた。

【初恋上巻】

職場で知り合った後輩とのかつての恋愛。忘れられずに、自分の中に残っているその感情を愛おしく受け止めながらも、それでも前を向きたいという思いから「初恋上巻」と名前をつけた。そこには、自分の物語は進んでいく、最高のこれからがきっと待っているという思いがある。

【優しい脱走】

プロポーズのタイミング。普段は、心のガードをガッチガチに固めて言葉を選んで話していた。恋人といる日常が当たり前のようになり「このまま一緒にいるかもな」と思いはじめた時、20年以上固めつづけたガードがはじめてフッとゆるんで言えた言葉「結婚してください」。事前に準備した訳ではないけれど、行ってほしいところに言葉が走ってくれたことに「優しい脱走」と名前をつけた。

紹介した3名だけじゃなくて、どのエッセイを読んでも過去の「あの感情」が鼓動しているような印象を受けた。

ネガティブからポジティブに無理やり変えようとしなくていい。

僕は、拳を握り高らかに突き上げて「過去を乗りこえよう！」と言いたい訳ではない。むしろ逆だ。両手で水をすくうように「あの感情」を受け止めるイメージ。

こんな風に捉え直してくれた人もいた。

他者との関係の中に生まれる心の葛藤に対して、それは「心の成長痛」だ、と。

学生の頃に抱いた溺れそうな感情に対して、改めて見つめ直すことで「息継ぎができるようになった」と。

凝り固まった過去への思いを丁寧にセルフケアしてあげる。

雲間から光が差し込むような瞬間を、解釈を通じて見つけていこう。

親友との間にある「あの感情」を書けたら、新しい自分に出会えるかもしれない

「あの感情」を僕も言葉にしたい。
もしも書くならば……
ずっと考えていたのが親友との話だった。

僕自身、noteというメディアに2014年から文章を書きはじめた。小さい声でもいい。たくさんの人に届かなくてもいい。仕事のこと、日常のこと。喜びの声も、泣き声も含めて、その時々で考えていることを、自分の言葉で届けたい。そんな気持ちでひたすら書きつづけた。いつかこの気持ちにアクセスしてくれる人がいたらいいな、そのためにも出来事を書き残しておこうと思う僕は、SNSをやる意味をこんな風に解釈していた。
SNSをやるのは、友達を増やすためというより、自分を増やすためだ。

僕の思いを一つひとつ記事として増やしていく。「だれかがきっと見てくれている」よく語られるこの言葉は、まんざら嘘ではない。読んでくれる人が多くなったことで、最近では投稿コンテストの審査員の依頼をいただくまでになった。

2020年に審査員の依頼を受けたのは、Panasonicとnoteが開催する「#やさしさにふれて」というコンテストだった。

投稿作品について審査をするだけではなくて、お手本投稿をするというのが、note審査員の役割だった。

まず率先して書いてみる、というこの仕組みが僕は好きだ。

テーマをもらう時にいつも考えることがある。

テーマは、磁石だ。

自分の心の中で何が反応するか？

何をくっつければ自分はときめくか？

「#やさしさにふれて」というテーマに、僕の心が反応したのは「やさしい親友」のことだった。この機会に親友との間にある「あの感情」を書けたら、新しい自分に出会えるかもしれない、そんな予感があった。

「#やさしさにふれて」×「親友との関係」

20歳の頃に出会った親友との関係性。かつて週に何度も会い、連絡を取り合い、何でも相談できる間柄だったのに、ある時からスパッと会えなくなってしまった親友。その時のさみしさや、やがてその意味を理解できた話を書きたかった。あの時「どうして？」と言えなかったし、当時はわからなかったけど、時間が経つことで自分の中で落とし所を見つけられた実例として、ここに掲載する。

スージーへ

たぶん、長くなっちゃうんだけど、
書くなら今だ、今しかない！って、
そう思ったんだ。

だからこの近況報告を読んでほしい。

今、読んでもらってるこのnoteにさ、
2014年から書きつづけていたら、
めっちゃありがたいことに、
「投稿コンテストの審査員をお願いします」
ってnoteの事務局さんから、言われたんだ。

いやあ、もうほんと、信じられないよね。

昔は、ただただ、
「ここにいる俺をだれか見つけてくれ～！」って、
ひたすら願っていたから、
つづけてみるもんだなってつくづく思う。

でね、審査員がお手本として、
コンテストのテーマに沿って、
まずは書いてみる、ということになってて、
そのテーマが「#やさしさにふれて」で。

どうしよう、何書こうってたくさん考えた後に、
どうしようもなく書きたいテーマにたどりついたんだ。

親友にふられた話をしてもいいかな？

親友のスージーに、ふられた話。

覚えてる？

スージーが言ってくれた、この言葉。

「阿部ちゃん、家族が大切なんだよね。
　一番というか。一番大切なものが
　仕事じゃなくて、家族なんだよね」

スージーの顔には「ごめん！」って書いてあって。

もしかしたらだけど、
強烈に覚えているのは俺だけで、
スージーが覚えてない可能性もあるんだけど、
ほら、20代中盤。2013年くらいかな。

広告のコンペに一緒に出そう〜！
俺がコピーを書くから、スージー、デザイン頼む！
って、いつもみたいに誘った時。

見事に、ふられた。

「そっか」

って俺も言いながら、テーブルを挟んだ
手の届く場所にいるはずのスージーが、
遠くに行ってしまったように思えたんだよなあ。

親友は、結婚した。
親友は、父になった。
親友は、一軒家を買おうとしていた。

スージーにとっては、そんな時だったんだよね。

俺は、いったい何をしているんだろう……？

……

コピーライターになったのは、
いや、コピーライターになれたのは、
間違いなくスージーのおかげなんだ。

はじめて出会ったのは、
今から14年前、2006年。
大学3年生の時。
広告会社の夏のインターンシップ。

大学でもつづけていたアメリカンフットボール。
「ごめんなさい！どうしても行きます！」と、
勇気を出してチームの幹部陣に伝えて、
飛び込んだインターンシップ。

インターン初日、全員集合。
60人だったかな。
大きな会議室にずらりと。
壮観じゃなかった？

砂ぼこり舞うグラウンドを、
駆け回っている自分にとって異世界だったな。

みんな何かに取り組んでて、みんな瞳がきらきらしてる。

一人ひとり自己紹介していって、
（どうしよう何話そう!?）って
考えながら見ていた窓の外の景色まで、
よく晴れててきらきらしてたのを覚えてるなあ。

そこにいたのが、鈴木智也くん。
あだ名は、スージー。

やわらかで、にこやかで。
大学でデザインを専攻しているのもあって、
毎回出す課題は、手づくりで超よくて、

「見せて！すごいね、すごくいいね！」って、
毎度、話しかけていた気がする。

意気投合、というのかな。

自宅にまで遊びに行かせてもらって。
見せてもらったあれって、
当時スージーの通っていた、
コピーライター養成講座の課題だったのかな？

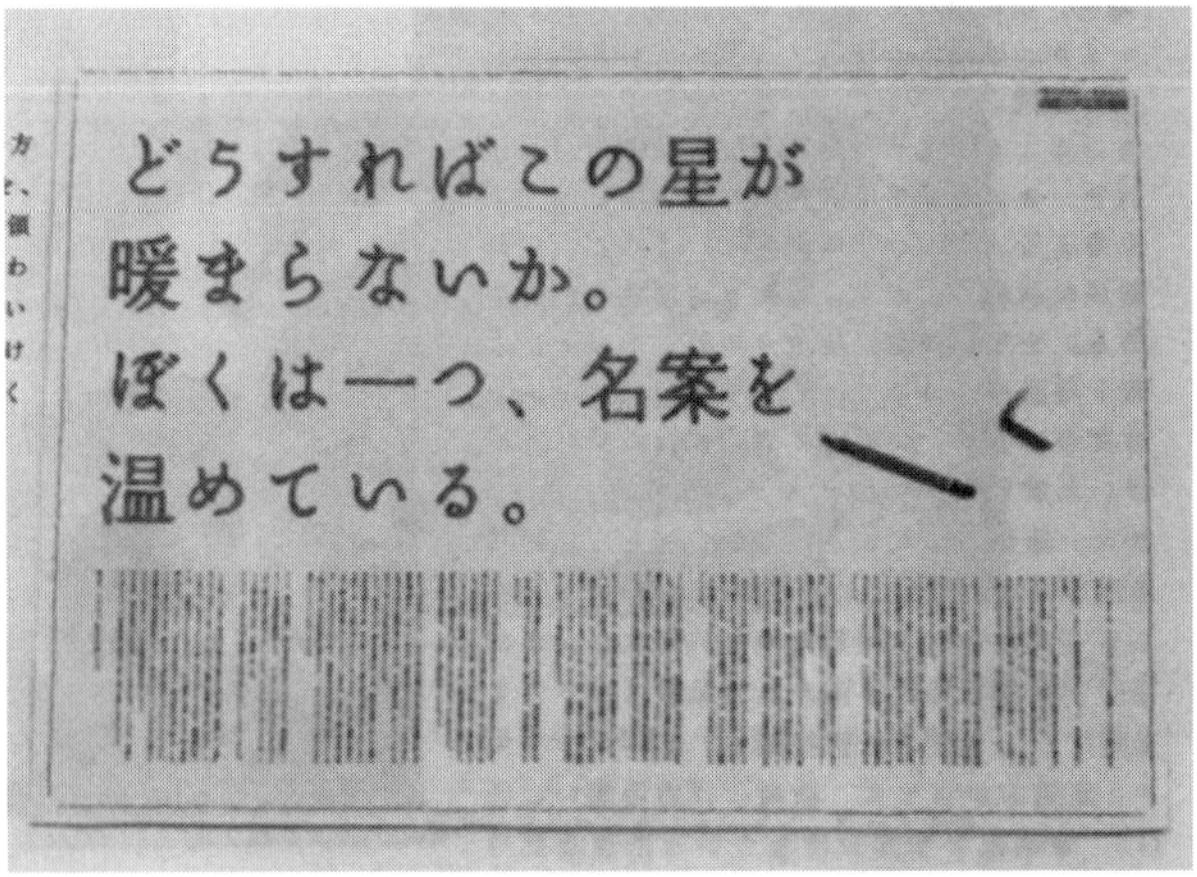

「え、なにこのフォント!?カッコいい！
　これ、もらっていい？」とか言って、
　俺、自分の部屋に飾ってたんだよね。
　毎日、見てた。
　やばいね、もはやファンだね。

すごい憧れた。いいなあ、って。

俺、アメフトばっかりやってたからさ、
こうして言葉とデザインで
人の心をつかむ表現をできることが、
すごくすごくカッコよく見えたんだ。

でも、それは、
自分とは縁のない世界だ……
そんな思い込みから自由になれたのは、
まぎれもなくスージーのおかげだよ。

「一緒につくろうよ」

学校終わり、公園に遊びに誘う
子どもみたいに声をかけてくれて。
手を引っ張ってくれて、すげー嬉しかった。

大学を卒業して、それぞれ別の広告会社へ。
でも、一緒に広告賞にトライして。

違う会社の僕らが
コンビを組むから面白いんだ！
とか言って。

広告賞は取り組む課題を選べるから、
この課題でこんなのはどう？
なんて言い合って、過去の作品集を見ては、
これはイケてる、イケてないとか、
どの口が言うんだって感じだけど、
夜な夜な集合してはたくさん話したよなあ。

あれは、びびった。
社会人1年目、2008年。
朝日広告賞、入賞。

●入選（各賞状、賞金１０万円と記念品）１０点

◇メルセデス・ベンツ日本の課題〈ｓｍａｒｔの魅力を自由に表現してください〉による北林誠、松井孝文、砂本枝里香の合作

◇トンボ鉛筆の課題〈ＴＯＭＢＯＷ文具のブランド広告〉による高柳圭吾、赤坂朋晃の合作

◇ＹＫＫ ＡＰの課題〈「窓を考える会社ＹＫＫ ＡＰ」〉による織田佳広の作

◇サッポロビールの課題〈エビスビールのブランド広告〉による高野大輔、高野加穂の合作

◇小学館の課題〈小学一年生〉による磯貝陽一、柴田隆治の合作

◇小学館の課題〈小学一年生〉による田中大地、川上智也、海老原慶介の合作2点シリーズ

◇ロッテの課題〈バニラアイス「爽」〉による瀬戸康隆、岡田能征の合作3点シリーズ

◇三越の課題〈企業広告〉による鈴木智也、阿部広太郎の合作

◇アサヒ飲料の課題〈三ツ矢サイダー〉による山下布美子、山田圭の合作

俺はその時、人事局で働いてて。
職場の方たちは「え！なんで!?」
どうして感がハンパなかった。

部署なんて関係なくて
やりたいことがあればできるんだ！って、
暗に伝えられた気がして、
それが少し、誇らしかったな。

広告をつくる仕事を生業にしたくて、
会社の転局試験をなんとか突破して、
その翌年、俺も、なんとかコピーライターに。

それからも、一緒につくろうって、
仕事が終わっては、スージーの家に通って、
秘密基地にこもるみたいに広告賞にトライしてたよね。

合言葉は「グランプリか、総スカン」

フルスイングして、つくるんだって、息巻いてた。

たくさんつくったなあ。
でも、その後は、
なんにも、起こらなかった。
見事に総スカンだったね。

焦ってたのもあったんだ。

何かで結果を出さないと、
存在感を放っていかないと、
この仕事はつづけられないかもしれない。

だから、まだいける、まだやれる、
今ここから、もっともっと遠くへ飛びたい。
一緒に大きなことしようって声をかけて……

伝えたのが冒頭に書いたあの時。

しっかりふられた。

ああ。

俺たちが組めば最強、テッペンとるんだって、
俺だけが盛り上がってたんじゃないかって、
俺だけ楽しんで、負担かけてたんじゃないかって、
帰り道、恥ずかしくて、切なくて、怖くなった。

それからだ。

スージーと連絡とれなくなったのは。

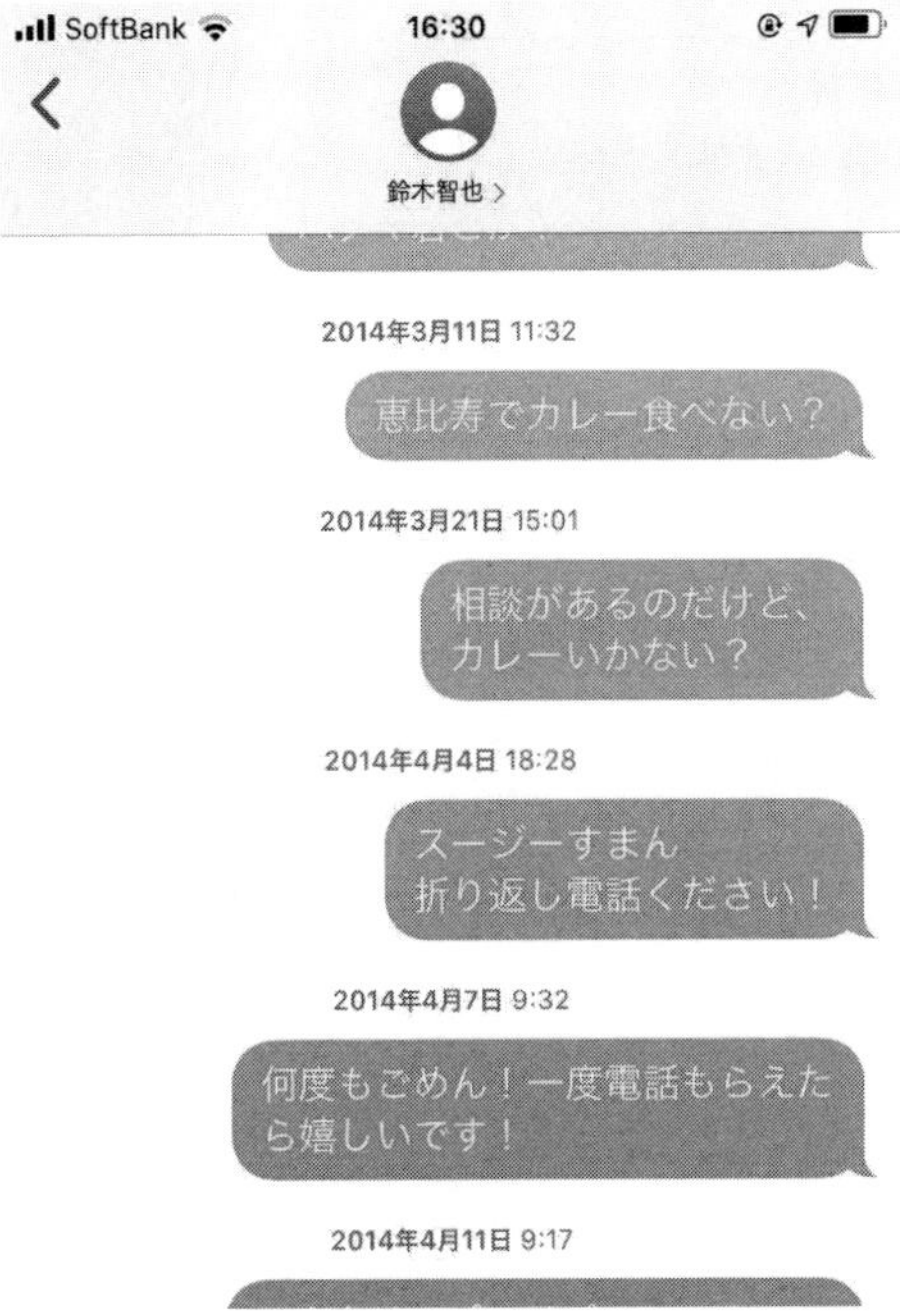

当時のこのやりとり、やばくない？

「やりとり」というか、
俺が一方的に送ってるだけだから、
「やり」か。

やりを投げつづけて、全く反応がなくて。

目の前の仕事を、
めちゃくちゃがんばってるって、
風のうわさで聞いてて。

あえて俺に返信しなかった部分もあるだろうし、
忙しい中で、何に時間を使うかを
スージーはずっと考えてたんだと思う。

でも、年賀状のやりとりだけは
ちゃんとするという不思議な関係。

不安だったんだよね。

ひよこははじめて見た親鳥についていくでしょ。

ポジティブな自分でいようとしてるし、
前向きなことを基本伝えようとしてるから、
よく勘違いされるんだけど、
仕事でも、まあまあ、凹んで、傷ついて、
うまくいかないことも往々にしてあったから、
スージーという「クリエーティブ親鳥」に
話を聞いてもらいたかったんだよね。

次第に……

俺は俺で、自分の道を進んでいく。
企画する仲間を見つけていって、
少しずつ成果がかたちになっていって、

2016年に「待っていても、はじまらない。─潔く前に進め」
という書籍を刊行することができたり。

進めば進むほど、思い出したのは、はじまりだった。

書籍のスペシャルサンクスに、
スージーの名前を書かずにはいられなかった。

1年に1回、年賀状で短く、
近況報告をする親友。

それからまた数年が経つ。

「絶対に会いに行かなくちゃ！」と思ったのは、
2019年、東京コピーライターズクラブ新人賞。
受賞者の中に、スージーの名前を見つけた時。

授賞式に行けば絶対に会える。そう思った。

新人賞には、CMでも、
ポスターでもエントリーできる。
大人数が関わるCMに比べて、
ポスターの方が若手は任せてもらいやすい。

ポスターをつくりエントリーしていた僕は、
スージーよりもはやく新人賞を受賞していた。

スージーは、
デザインもできるCMプランナーとして、
着実に実績を積み重ねていた。

そしてこの年、
サントリー伊右衛門のCMコピーで受賞。

草彅剛さんが、
本木雅弘さんと宮沢りえさんの
伊右衛門夫婦のもとに訪れるCM。

「来たかったんです。この茶屋に。
　大変ですよね。生きるって。
　傷つけたり、傷ついたり」

当時、SMAPから「新しい地図」に
活動の拠点を移した草彅剛さんのセリフ。

それを受けて、宮沢りえさんが言う。

「お茶は、揉まれて傷がついて、
　ええ味が出るんですって」

このコピーで受賞。おめでとう。
めちゃくちゃいいコピーだよ。本当に。

※写真右側がスージー

スージーのご家族もみんな来てて、
スージーのご家族とも写真を撮って、

スージーの大事な家族と会えて話せて、
満たされた気持ちになった。本当に。

何年ぶりに会えたんだろう。

久しぶりに会っても、
昨日会ったみたいに会えるのが
本当の友達だとか言うじゃん。
あれは、本当だね。

この写真を撮った時から半年後。

2020年、俺も結婚してさ。

ちゃんとわかったよ。

何が一番大事か。

いやもちろん仕事も大事だし、
友人も大事だし、全部大事だし。
でも、「一番」ができるって意味がわかった。

あの時、わからなかったことが、わかったよ。

ようやくわかった。

俺は、あの時、
やさしさにふられてたんだ。

そして今ならわかる。
やさしさにふれてたんだって。

スージーが家族に向けるやさしさ。
あたたかいやさしさ。

あの時、本当の気持ちを話してくれてよかった。
あの時、なあなあに一緒にやらなくてよかった。
あの時、ちゃんとふられていて本当によかった。

だから今、
自分の中にある一番の気持ちに手応えがあるよ。
特別な気持ちに手応えがすごくあるんだ。

・・・・・

そんな長い近況報告をしたら、
スージーがつくって贈ってくれたのが、
このイラストでした。

掘り進めたスージー。

飛ぼうとしていた俺。

添えられていた言葉……

僕らはすこし違うだけ

向かう方向は違っても、
お互いをちゃんと見てる。

違う道のようで、
「特別をつくりたい」って、
同じ気持ちで生きている。

それが今どれだけ、心強いか。

また、そのうち、
ファミレスで語ろうね。

また、会おう。

カレー食べにいこう。

振り返って、自分の見方を整理する。そして、相手の見方も想像する

自分にとって「あの感情」と言えるくらいに記憶に強く残る過去の出来事。解釈する時に、心がけていることがある。

それは、その件に関わる相手の立場に立ってみること。

同じ場にいた人は、どんな心境で、どんな風に受け止めたのか？

今回のnoteで言うと、「その時、親友は何を思っていたのだろう？」を想像する。


人は、相手と仲良くなればなるほど、僕と君は、わたしとあなたは、同じ感じ方をしていると思ってしまう。

言葉はいらない。目を合わすだけでもわかる。暗黙の了解で通じ合えることこそが親密さの証しでもあるし、そんな関係を僕も誇らしいと思ったこともある。

でも、違う。どれだけ仲を深めたとしても、やっぱり他人なんだ。

「なんでわかってくれないんだ」

もし、そう思ってしまったら、それは自分の驕《おご》りだ。

僕らはエスパーじゃない。どれだけの関係性があったとしても言葉を尽くさないといけない。言いたいことがあるなら飲み込んではいけない。

お互いの「物事の見方」、つまりは解釈を共有していかないといけない。

……というのは、理想論であることもわかっている。

そうありたいと強く願う僕すら、「うう、あの時……」と後悔してばっかりだけど、それでもまだ遅くない。

振り返って、心を落ち着かせて、自分の見方を整理する。相手の見方も想像する。

僕の感じたさみしさは、親友が家族に向けたやさしさだったと気づけたように、解釈することで、再び相手に手を伸ばせるように思う。

僕自身、noteに書いた記事を親友に送ってみてそう感じた。

「どうして？」と胸につかえていても、書くことによって心が晴れていく

書いて消してまた書いて、ちょっと感極まりながらも書き上げたnote。

親友からの返信の言葉が、僕にとって最大のごほうびだった。


これは感動する！　ありがとう。

きっと今も結婚していなかったら、毎日でも集合してたかも。

でも、なかなか両立できなくてね。ブランクをあけるしかなかった自分が懐かしいです。高いところで遠くを見ている阿部くんと、狭い分野を掘りつづけるしかなかった自分は、違う道のようで、やっぱり似ているなと嬉しく思うこの頃です笑。


もしも僕が書いていなかったら、この言葉はやりとりできなかったんだよな、と一人しみじみしてしまった。

喉まで出かかって言えなかった「どうして？」という思いは胸につかえていた。返事の来ないメールを見返しては、何か悪いことをしてしまったのかなと何度も思ってしまっていたし、自分でも半ばそう決めつけていた。
書くことによって心が晴れていく。清々しい気持ちがそこにはあった。

僕自身、過去と向き合いながら書いてみてわかったことがある。
わだかまりや、心の中に生まれたしこりとどう向き合うといいか？
それを、まとめていきたい。

それが過去になった時に使いたい、「今思えば」という魔法の言葉

歳月が薬だ。

——韓国のことわざ

どんなに苦しいことも、悲しいことも、月日が経つことで解決してくれるという意味だ。日本でも、「時間が経てば治りますよ」ということを指して「日にち薬《ぐすり》」と呼んだりする。

そのありがたさを僕自身、腹の底から理解しつつも、どうしても伝えたい。時間に解決させちゃいけない。その感情を先送りにしちゃいけない。

過去についての解釈の仕方をあなたに伝えるためのこの章だけど、何よりも伝えたいのは、間に合うなら過去にしちゃいけないということ。

「なにを言うか」が、知性

「なにを言わないか」が、品性

「私あの時なんであんなこと言っちゃったんだろ……」が、人生

「Twitterで後輩のツイートが話題になっていた。激しく同意する。

「ああ、やってしまった、しんどい……」と思った時に、謝りたいことがあるなら、タイミングをつくって謝りにいきたい。

仕事において、納得のいかないこと、悔しいことがあるなら、事情に飲み込まれちゃいけない。

ささやかでもいい、なんとかできないのか最後まであがいてみたい。

そこで動くことで取り返しがつくことだってある。

それでも、いかんともしがたいことはある。

時間という薬に頼るのは、それからでもいいと思う。


僕は「今思えば」という魔法の言葉をお守りにしている。

自分の中で消化しきれずに抱えている過去の出来事や思い出。

「今思えば」という言葉が魔法だと思うのは、たとえ感情の旬が過ぎたとしても、腐らせずに発酵を促せる力があると思うからだ。

当時抱いていた感情に、解釈することで新たな光を当てることができる。

友達に限らず、家族とも、パートナーとも、何が起きても大丈夫で揺らがないように見える関係性こそ、実はとても繊細なつながりなのだと思う。

その関係における複雑な感情も、出来事に対するもやもや、もどかしさも、改めてなんとかしたいと思ったその時に、ぜひ名前をつけて捉え直してみてほしい。

過去の捉え方を変える。そして、書くことで過去は書き換えられる。

過去と現在に1本の解釈の道が通って、きっと心が軽くなると僕は信じている。

「あの感情に今、名前をつけるなら」

もし書いたならSNSで教えてほしい。僕はその解釈に立ち合いたい。


それでは次に、自分自身の整理整頓術について書いていく。

過去を解釈していくことで「自分らしさ」が見えてくるのだ。

「自分らしさ」を導きたいけど、自己分析ってどうすればいいの？

あなたはこれまで、こんな経験をしたことはないだろうか？

会社に、自分の年間目標を伝えるため、過去の実績をまとめないといけない。

転職活動をするために自分のこれまでの経歴を整理して書かないといけない。

就職活動中、エントリーシートや面接で、過去のことを伝えないといけない。

新しいコミュニティで、これまでしてきたことを自己紹介しないといけない。


自分の過去の経験から「自分らしさ」を導いて、相手に伝えないといけない時。

「自己分析をすればいいいんだよ」なんてアドバイスをされることがある。僕自身が、その言葉にはじめて触れたのは就職活動の時だった。

そして、「自己分析」という言葉に大いに振り回された。というか、「もう勘弁してくれ」という気持ちにもなった。


ちなみに、自己分析とは……


過去の出来事や経験を振り返って分析すること。

「自分自身」の特徴を知り、強み・弱みを導き出して、人に伝えられるようにする。

物事（就職活動では企業）を選択していく上での基準「判断の軸」を見つけること。

ふむふむ、と。

こうして書かれているのを見ると、自己分析なんて簡単にできそうじゃないかと思うのに、就職活動をしていた頃の僕は、ドツボにハマってしまった。

中学、高校、大学と進学して……

この部活をして……経歴を書き出すことはできるけど……

ん？　そんでもって経験から自分を語る？

えーっと……何を語ればいいんだろう？

どうやって過去と向き合えばいいの……

フリーズしたのはパソコンじゃなくて自分だった。

何をしたのかを紙に書き出して眺めることはできる。そこからどうしていいのかわからなくなってしまったのだ。そんな時、モーゼが手を差し出して海をまっぷたつに割ったかのように活路が見えた考え方があった。

自己分析ではなく、自己選択として捉えてみよう

人は言葉の持つイメージに引っ張られる。

「自己分析」と言うから、まるで自分を顕微鏡でのぞいたりするような、一つの明確な答えが分析結果として存在するイメージを持ってしまう。

けれど、それは違う。

「自己選択」と思って振り返ればいいのだ。

たとえば、学生時代にサッカー部に入っていた人であれば、なぜバスケ部ではなくて、サッカー部だったのだろう？　もしかしたら、一緒にやろうよと友達に誘われたのかもしれないし、サッカー漫画『キャプテン翼』の影響かもしれない、親御さんと一緒に日本代表戦を見ていて興味を持ったのかもしれない。

学生時代のみならず、社会人になってからも振り返りの対象だ。

たとえば、営業の仕事をしてきた人であれば、なぜ商品開発の仕事ではなくて、その仕事を選んだのだろう？　もしかしたら、カッコいい営業の先輩がいたのかもしれないし、人との交渉の中から仕事が生まれる熱ある瞬間が好きだからかもしれない。

きっかけには何かが眠っているはずで、その道を選んだ自分なりの理由をじっくりと思い出していく。

正直な話、忘れてしまっていることも多いだろう。

もしかしたら「直感なんだよね」と言いたくなるかもしれない。

それでも、ノックするように問いかけて、そこにある何かしらの意味を起こしていきたい。


「いろんなことに取り組んできて、自分に一貫性が見えなくて……」

こんな悩みを後輩から相談されることがある。そんな時「キャリアの縦と横」の話をする。一つのことをやりつづけるように、「キャリアの縦」を深めていく方法もあれば、「キャリアの横」を広げていく方法もある。

一見無関係に、散らばっているように思えるそれぞれの取り組みも、やるかやらないか選んだ時の「理由」には、何かしらの共通点があるはず。

あなたが選んでいる時点で、あなたという一貫性はすでにある。後はそれぞれに共鳴する理由を見つけにいこう。理由をつなぐことで、自分だけの星座を見つけていく感覚だ。

右の道に行くか、左の道に行くか、どうするか？

選ぶ時にこそ、自分らしさが出るのだ。

僕たちは「時間」という一方通行の乗り物とともに、昨日、今日、明日と進んでいく。過去を解釈するということは、無数の分かれ道を経て、今の自分に至るまでの道のりを発見することだ。

話の筋を通すために、「おにぎりメソッド」で考えよう

僕が就職活動をしていて、いよいよ面接に臨む時、そして社会人になって希望する部署へ異動するための面談を受ける時、「自己分析をしよう」の他にも、先輩からこんなアドバイスをもらっていた。

・自分らしさをうまく伝えてね。
・自分の話すことに「軸」を持とう！
・話の筋が通るように伝えると良いよ。

「ですよね！　でもどうすれば……」状態の僕は、先輩に考え方を伝授してもらって腹落ちした。話の筋が通るというのは「話の結びつき」が見えるということなんだ。

考え方を僕なりに進化させた「おにぎりメソッド」を紹介したい。

［おにぎりメソッド］

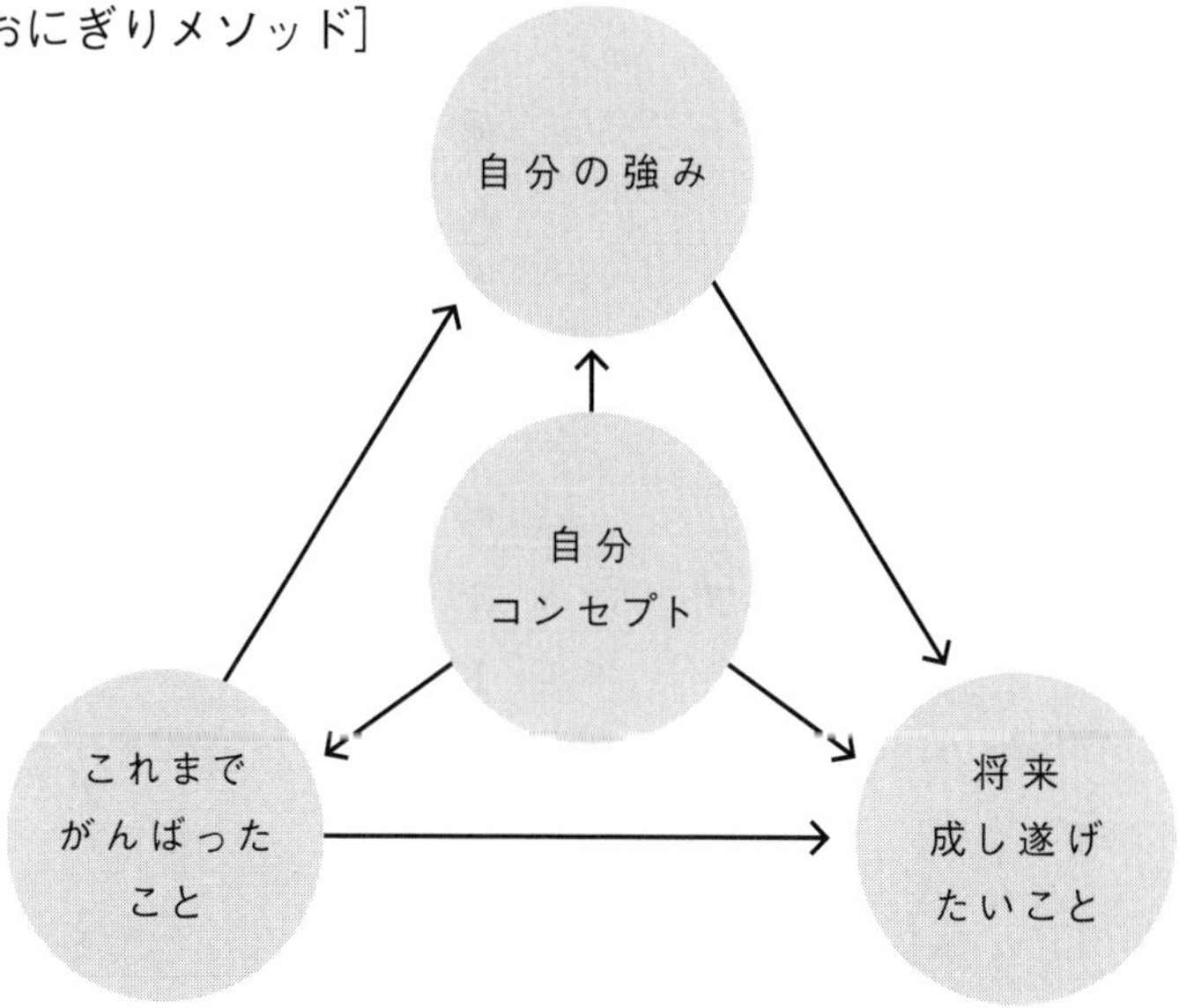

「これまでがんばったこと」「自分の強み」「将来成し遂げたいこと」。

おにぎりの三角形の角には面接における定番の質問が入る。

この図を書きながら、過去を解釈し、整理整頓していく。

基本の考え方は、「自己選択」で、これは変わらない。

学生時代、あるいは社会人になってから「がんばったこと」を選んだ理由を振り返る。その上で「自分の強み」と「将来成し遂げたいこと」を導き、それぞれの要素が結びつくことを意識する。

「なるほどね、だからそうなんだ！」と、話の結びつきが共有されると、自分と相手との間に納得感が生まれる。

真ん中に入る「自分コンセプト」は、いわば「おにぎりの具」だ。なくてはならない自分の核を指し示す。この造語から詳しく説明していく。

これを取ってしまったらもう自分じゃない、そんなキーワードは何だろうか？

◎自分コンセプト
自分が最も大切にする、信念となるような言葉。

鮭おにぎりから鮭を取ってしまえば、それはもう鮭おにぎりではないように。もしも自分がおにぎりだとした時（ちょっと不思議なことを言っているのは自覚しつつ）、「真ん中にくるその具は何なのか？」を考えてみる。

ヒントとなるのは、人の生き方や考え方に大きな影響を与える、いわゆる「原体験」

と呼ばれるもの。

強烈な何かがないといけない訳ではない。

今でも忘れられない経験から導き出してもいいし、これまで生きてきた中で一番好きな瞬間はどんな時なのか思い出してみてもいい。

これを取ってしまったらもう自分じゃない、というキーワードだ。

おにぎりとは違うたとえをするなら、Googleでキーワードを入れて検索するように、自分の過去を検索した時、語れる経験がヒットする言葉こそ、自分コンセプト。

自分コンセプトから、それぞれの角に向かって引かれている「↓（ヤジルシ）」。これは、そこに影響を与えているというサインになる。

角にある3つの構成要素を、順を追って見ていきたい。

左下の「これまでがんばったこと」をどう捉えると良いだろうか？

思い出してみよう。果たして自分は何に時間をかけてきたのか？

◎これまでがんばったこと
学生時代、社会人の方であれば社会人経験も含む。


あなたはこれまで何をがんばってきたのか？

「がんばる」というと脇目もふらず額に汗してみたいなイメージが浮かんでしまうけど、そんな風にがんばってなくても全然良い。

果たして自分は何に時間をかけてきたのか？　これを思い出してみる。

いくつも取り組んできた中で、自分が一番語れることは何だろう？

部活でも、サークルでも、バイトでも、趣味でも。

ついつい楽しくてつづけていたことでも。

そのこと自体が良いか悪いかという議論をしたい訳では一切なくて、なぜそれを選んだのかという理由にあなた「らしさ」が宿っている。

「自分コンセプト」との結びつきが、その理由にはきっとあるはずだし、「これまでがんばったこと」は、「自分の強み」に影響を及ぼしている。

次は「自分の強み」について考えたい。

自分では自分のすごさに気づきづらい。「どう思う？」と聞いてみよう

◎自分の強み
それは、自分が当たり前にできていること。


「ちなみにあなたの強みは、何ですか？」

面接でちょっと会話が途切れたなという時に、面接官から唐突に聞かれるランキング暫定第1位の質問。

「自分の強み」って難しい。自分を客観視するのはなかなか骨が折れる。というのも、その人の強みって、その人が当たり前にできてしまっていることだったりする。それゆえ、やっかいだ。自分では自分のすごさに気づきづらい。

自分があまり自覚していないけど、近くにいる人に「すごいじゃん」と言われることにヒントがある。まず自分が強みだと思うことを書き出して、その上で「どう思う？」と友人や先輩や家族に聞いてみると見えてきやすい。

「自分コンセプト」との結びつきが、ここで見えてきた「自分の強み」にもあるはずだし、そして次の「将来成し遂げたいこと」ともつながっている。

整理した「これまで」から導く「これから」はどうなっているだろうか？

◎将来成し遂げたいこと　それは夢や、目標と呼ばれるものでもある。

聞かれたからには「いや、ないです」と言うのではなくて、語ってみるのが愛嬌だしサービス精神。具体的に語れたらすばらしいけど、曖昧だとしても、これからに対する気持ちを熱っぽく語ってみることに意味がある。

「未来」については、第4章で詳しく書くが、過去の延長線上に未来はある。「これまで」が整理できたら、呼応するように「これから」は見えてくる。

僕の実感として、人は心にぽっかり開いた穴を、埋め合わせるように生きている気がする。丁寧に振り返っていけば、この先やりたいことは必ず見つかる。

すでに明確に将来像がある人であればそれを当てはめてほしいし、もしまだ見えてなかったとしても、「自分コンセプト」「これまでがんばったこと」「自分の強み」を意識しながら導いてみよう。

面接は、キャッチボールだ。

面接官は、雑談も含めてあらゆる切り口から「なぜ？」「どうして？」と質問を繰り出してくる。自分自身で解釈してきたことを、一つひとつの受け答えを通じて、点を線にし、そして面にするイメージで面接官に共有していく。話がつながったという納得感が記憶に残れば、たくさんの候補者の中であなたの存在はくっきりと際立つ。

就職活動でも、転職活動でも、会社の面談でも自分自身を整理整頓した上で臨むことができる「おにぎりメソッド」。

ちなみに……ということで、僕の具体例を紹介する。

今、コピーライターをしている僕は、就職活動当時、こんな風に整理整頓していた。

「なぜその道を選んだのか？」を振り返り、解釈することでつないでいく

やはり大切にしたいのは「自己選択」の考え方。

過去を振り返り、印象的な出来事を書き出しながら「おにぎり」を完成させていく。

その時々における「なぜその道を選んだのか？」という理由は、解釈次第でつなげられるというスタンスで整理整頓していこう。

あなたが解釈する際の参考になることを祈って書き出していく。

◎自分の過去を思い出す

中学生の頃、部活に入りそびれる。独りぼっちの放課後。逃げるように家に帰る。中学校の卒アル。みんなの写真を集めて見開きページを完成させる企画で、自分が写っている写真がないことに気づく。卒業しても、だれも僕を思い出せない。人の思い出の中にいないのはさみしい。このままじゃ嫌だ。人とつながりたい。中学3年生にして自分を変えたくてアメフト部に入る。ちなみに、サッカー部やバスケ部ではなかったのは、今の自分が変わるには、想像もつかない世界に飛び込むしかないと思ったからだった。

←

◎自分コンセプト：一体感

部活に入る。同期がいる、先輩、後輩ができる。人間関係という自分の居場所ができる。高校を卒業し、大学でもアメフトをつづけた。

なぜつづけるという選択をしたのか？

勝ち負けの魅力じゃなくて、チーム、スタッフ、観客、心のつながる瞬間（一体感）のある時間がとても好きだった（原体験から見つけた自分コンセプト）。ずっと独りを感じていたから、人とつながれるのが本当に嬉しかった。

←

◎これまでがんばったこと：アメリカンフットボール

結局、中学3年生から大学4年生まで、計8年アメフトをつづけていた。大学入学時につづけるか悩んだが、結局引き寄せられるようにつづけた（これまでがんばったこと）。ゼミ活動も、テレビ局でのアルバイトもしていたけど、一番語りやすくて、自分の心にぽっかり開いた穴（孤独感）と結びついているのはアメフトだった。

［おにぎりメソッド］
阿部広太郎の場合

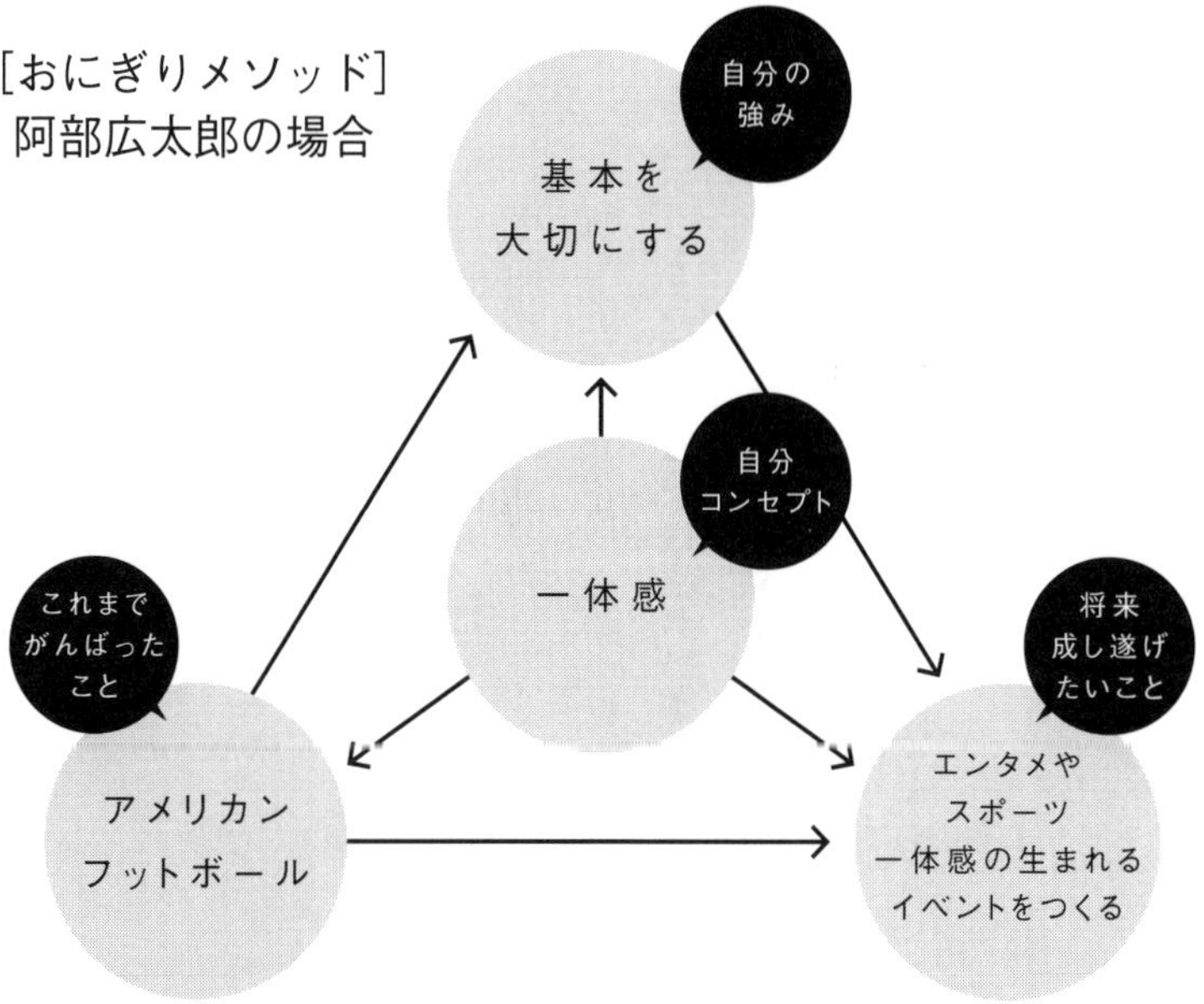

←

◎自分の強み：基本を大切にする

自分コンセプト「一体感」をつくるために大切なことは何か？

アメフトをしながら気づいたこと。それは、信頼してもらえなければ心のつながりも生まれないということだった。挨拶するとか、行き帰りの声かけとか、連絡をマメにするとか。当たり前のことを当たり前のようにやりつづけていた。

自分では特別なことはしていないと思いつつも、よく「ちゃんとしてるな〜！」と言ってもらえるのは「基本を大切にする」ことができているから（自分の強み）なのだと、整理できた。

↓

◎将来成し遂げたいこと：一体感の生まれるイベントをつくる

社会人になっても一体感のある時間をつくりたい。

人と人とを結びつける、つなげる、営業（プロデュース）の仕事をしたい。

将来、成し遂げたいことはエンタメやスポーツのイベントをつくること（その思いは強かったが、具体的に何をしたいかは正直、ふんわりしていた）。

その分、自分自身が影響を受けた、2000年のシドニー五輪の話をしていた。

マラソンの高橋尚子選手が全力をふりしぼってゴールテープを切った姿を見て、テレビの前で感動して、奮い立った自分がいた。

人の変わるきっかけをつくりたい、そんな瞬間に自分も携わりたい、という話を力説していた。

インタビューには絶対しない。対話の意識を持ち、返答に思いを盛り込む

念押しさせてほしい。この話の流れは、最初から書けた訳ではない。人に話を聞いてもらって、何度も書いて、何度も直して、磨き上げてなんとかたどりついたものだ。

当時、ＯＢ訪問をしながら、インタビューには絶対しないようにしていた。「対話」する意識を持つようにしていた。

「僕はこんなことを経験して、将来こんなことをしたいんです」と返答に思いを盛り込む。そうすると一方的に先輩の話を聞くことにはならず、「それを言うならこう伝えた方が伝わりやすいんじゃない？」とアドバイスをもらえて、また「おにぎり」に反映していける。

漫才師の方たちが舞台に立ち、お客さんの反応を敏感に察知しながら１本のネタを鍛え上げていくのと感覚は同じだと思うのだ。

書いて、話して、練り上げるように握る「おにぎりメソッド」の三角形は、大げさではなくどこでも通用する。

「ＷＨＹ」と「ＷＯＷ」を大切にする。聞き合いながら解釈を育てよう

過去について「書くこと」で整理されていく。

それと同じくらい「聞き合うこと」ですっきりする。

このことについても、詳しく書いていきたい。


就職活動の面接は当然ながら選考で、合否が決まる。

この場で価値のある話をしなくちゃいけないんだ。自分の話に価値はあるんだろうか……？　そんな考え方に染まって苦しくなってしまう人もいるかもしれない。

結論から言うとそんなの幻想だ。

たとえば、「○○大学の体育会系で主将です」とか、「スタートアップで起業してすでにこんな成果があります」とか、わかりやすい自己紹介をできる人が羨ましくなってしまうことがあったとする。

「隣の芝生は青く見える」の言葉通り、僕自身も「いいなあ」と思った経験がある。

忘れちゃいけないのは、自分の芝生もじゅうぶんに青い、ということ。

あなたが過去に経験してきたこと、過ごしてきた時間に、すでに価値はある。

それはだれにも否定させない。あなたにもさせない。

解釈を通じて、それを伝えられるかどうか？

限られた時間の中で、「伝わる」を目指せばいい。

「ないものねだり」ではなく「あるもの見つけ」の姿勢でいこう。

自分の強みも、自分の良いところも、自分では見えづらい。だから対話をするしかないと僕は思っている。話し合うというより聞き合う感覚で、相手に伝わる自分のツボを知っていく。

その時に「WHY」（なぜ？）と「WOW」（すごい！）を大切にしよう。

自分が相手の話に「なぜ？」と思ったら聞いてみる。

自分が相手の話に「すごい！」と思ったら伝える。

シンプルだけどそれの繰り返しで、お互いの解釈は育っていくし、何を伝えると良いかは見えてくる。お互いの芝生を手入れし合うように、聞き合うことでお互いの伝えるべきポイントを見つけていく。

その結果臨んだ面接で、自分を出し切って、もしも結果が伴わなかったら、それはマッチングが合わなかっただけだ。次だ、次にいこう。

生きるということは、過去の自分を肯定していく行為だ

この章のはじめに紹介した過去を「忘れる能力」。

それはどこで手に入るかわからない。いや、もはや忘れなくていいと思うのだ。

忘れるのではなく過去を「捉える能力」、これを解釈で育てていきたい。

かつてAとBという選択があった。

その先どうなるかはわからない。けれど決意とともにAを選び、進んだ。

それから時間を経て今に至る。

「今思えば」と振り返れば、過去と現在をつなぐ「このためのAだったんだ」と思える何かがきっとある。まるで伏線を回収するかのように、自分の正解として捉えることもできる。

もちろん、あの時ああしていれば……と悔しさが頭から離れなくて、自分に腹が立って、沈んで、ため息が出る、そんな負の感情を味わう夜もあるだろうと思う。

それはもう、どうしようもない。それでも、だ。そういう時こそ解釈の出番だ。

その道を選んだ意味を今、見いだすことはできる。

過去にしばられるのでも、過去を悔いるのでもなく。

解釈を通じて、自分の過去に胸を張れるようになれたら。

生きるということは、過去の自分を肯定していく行為だ。

「過去」に対して、僕はそう願っている。

小さな寄り道　その3

挫折は、分かれ道に過ぎない。
そう、解釈したことがあります。

思い通りにいかなかった
「過去」について考えるのは、
忘れ物を取りに行く時と似ていて、
もどかしさと焦りがあると思うんです。

心がぎゅうってなります。

もちろん、楽しくて嬉しい思い出を、
振り返る時はルンルンです。でも、
もどかしい思いを抱えている時は、
口を真一文字に結んでしまうというか。

「過去を解釈しよう！」と言いながらも、
僕が目を背けてしまっていた「あの感情」。
恥ずかしくて人に言えなかった出来事。
親友の話につづいて、もう一つだけ。
解釈を通じて変化した
気持ちを紹介させてください。

小さい頃に見た、ＮＨＫの朝ドラ「ひまわり」。
弁護士を目指す主人公が言葉をあつかいながら
道を切り拓いていく姿がすごくカッコよくて。
「僕も弁護士になるぞ！」と夢を掲げて、

法学部を第一志望にして突き進んでいました。

その結果、大学受験……全落ちでした。

すべての大学から告げられた「不合格」。

たまたま、本当にたまたま、

慶應義塾大学の経済学部だけ

補欠に名前が入っていました。

補欠にもランクがあって、僕は補欠Ｂ。

しかも例年の結果を見ていると補欠Ａは、

合格に繰り上がるけれど、Ｂは微妙なライン。

その時、不思議な気持ちになりました。

「ライバルたちよ、負けないぜ‼」

なんて思っていたのに、

合格している人たちよ、もっと合格してくれ！

その席をゆずってくれ！　と思ってしまって、

ピンチを前に人はコロッと変わるな、と。

人間くさい祈りが届いたのか、

幸運にもＢまで補欠合格に。

たとえ経済学部であろうとも、他学部から、

弁護士になる方法はいくらでもあります。

専門の力を持たなければいけないんだ、

そんな考えで頭がいっぱいだった僕は、

経済学部と言えば、公認会計士だ！　と思い、

大学近くの資格を学べる予備校へ行きます。

「在学中に合格！」なんてすごい話に惹かれ、
体験講座の後、パンフレットを読んで、
どんどん気持ちは前のめりに。
資格を身につけて、特別な自分になりたい。
そんな気持ちが最高潮でした。

両親にも話をして、ウン十万の
入学金を振り込んでもらいました。

ただ……つづかなかったんですよね。

予備校に通ってはみるのですが、
自分の気持ちが乗ってこなくて、
帰り道はトボトボ音楽を聴いて帰る……
行きたいと言ったのは自分でしょうが！
という話なんです。間違いなく自分で決めた。

でも、「大学生活、これをずっとやるの？」
そう思ったら悲しくなってしまって。

上辺だけじゃなくて、覚悟が決まるくらいの、
本気のスイッチが入っていなくちゃいけない。
努力って、実は無理やりするものではなくて、
止められてもやってしまうことじゃなきゃ
長つづきはしないんだと痛く身に沁みました。

挫折。わかりやすい挫折です。

「ごめんなさい、無理でした」
正直に両親に打ち明けました。
結局、15歳からしているアメフトを
大学でもつづけて、アルバイトもしながら、

就職活動を経て、転局試験を受けて……
今、僕はコピーライターをしています。

「法」のもと、
言葉で人の力になる弁護士じゃなくて、
「経済」のもと、
言葉で人の力になるコピーライター。
今思えば、その根っこは
つながっていたんだなと思えます。

挫折は、分かれ道に過ぎない。
その先にある未来に進んでいけば、
いつか後から振り返ることができる。

そして今はこうも思います。

あの時の気持ちに向き合えば向き合うほど、
あっさり許してくれた親がすごい。
「高い授業料を払った」という言葉の通り、
機会をフイにした僕を責めることもなく、
近くで見守ってくれていたこと。

あの時、正直どう思っていたの？　って、
今回、勇気を出して親に連絡してみたんです。

「アメフトしているのが楽しそうだったから」
その返信をもらって、胸の奥底が熱くなって、
わだかまりがとけた気がしました。

失敗して、挫折して、落ち込んでしまう。
もし身近な人にそんな瞬間が訪れても、

誠実に、寄り添える自分でありたいと、
あの時のことを思い出して心に刻んでいます。

第4章は「未来」を解釈していきます。
過去からつながる今の連続に、未来がある。
これまでの出来事がこれからにつながる。
この先を見つめる時間にしていきましょう。

未来篇

第4章

解釈する先に人は進める

未来とは「今」であると解釈すれば、むしろ未来はたぐり寄せられる

未来について解釈していく前に、あなたに聞いてみたい。

「未来っていつなんだろう?」

人によって考え方は全然違うと思う。

空の上を車がビュンビュン走るようなSFチックな未来を想像する人もいるだろうし、その逆で、明日だって、今週末だって、未来だと考える人もいるだろう。


未来とは、今である。

——マーガレット・ミード

文化人類学者のマーガレット・ミードは「今である」と解釈した。

確かにそうだ。

あれこれ考えているうちに時計の針は進むし、結局は「今」目の前のやるべきことの積み重ねで「未来」は出来上がっていく。

唐突で恐縮だけど、山に登ったことがある人は、今、登山中だとイメージしてほしい。目指すのは、富士山の山頂だとする。登れば登るほど酸素は薄く、呼吸は苦しい、リュックも重く感じてくる。それでも「右、左、右」と一歩一歩、踏みしめて、踏ん張って、頂上に近づいていく。

そして気づけば、どこまでも青空が広がる絶景にたどりつく。

なんで登山をがんばれるのかと言ったら、頂上が待ってくれているからだ。

そこで目に焼きつける景色や、一杯のコーヒーがたまらないからだ。

目的を持って進んで行けば「山頂」という名の未来が待っている。

自分は今、どうありたいか？

自分は今、どこに向かおうとしているのか？

僕は、未来とは「今」であると解釈することで、むしろ未来はたぐり寄せられると思っている。だからこそ「未来のことなんてなんも考えてないっす」という立場を取るよりも、日々の一歩一歩がどんな景色に向かっているのか、視界をクリアにしたい。

しかも、今の時代、みんなに共通する「これが富士山の頂上だ！」みたいなわかりやすいゴールがあるかというと違う。

一人ひとり追い求めているものは違うはずだし、自分の中に正解をつくっていく方がずっとハッピーだ。

自分、現在、過去と解釈してきて、この第4章では、未来を自分なりに解釈していく方法を、あなたと分かち合っていきたい。

「どうありたいか？」「何をしたいか？」未来を解釈する自分の軸足を見つけよう

先にぶっちゃけると、僕は、「何年後までにこれを成し遂げて、到達点はここで、キャリアを育てていく上で、これだけは実現したい！」というような具体的な何かを決めていくのが得意ではない。

会社の面談でも、具体的な目標を持つといいよとアドバイスされるけど「ぐぬぬ」と内心思う自分がいる。

一方で、「こうありたい」というイメージは猛烈にある。

それは「すこやか」でありたいという願望だ。

心身ともに健康的で、自分のやることが相手に喜んでもらえて、仕事もプライベートも、心地よい時間を、夢中になれる時間を追求していきたい。

そんな思いが自分を突き動かしている。

それぞれが得意な方法で考えていけば良いと思うのだ。

未来を解釈していく上で、2つの方法があると考えている。

being――「どうありたいか？」を考える

doing――「何をしたいか？」を考える

僕の軸足はまさにこの「being」型。

この2つ、どちらかに絞らないといけないなんてことはもちろんなくて、人に右利き左利きがあるように、考えやすい方を意識しながら、両方をうまくあつかっていけばいいのだ。

それぞれについて解説していく。

心の内側へ内側へ手を伸ばすか？
体の外側へ外側へ手を伸ばすか？

■being——「どうありたいか？」を考える。
それは、心の内側へ内側へ手を伸ばしていくイメージ。

自分の心が何を幸せに感じるのかを把握していきたい。

自分自身の中にある根源的な欲求に手を伸ばしていく。

笑っていたいでも、強くありたいでも、潔くありたいでも。

生まれたての赤ん坊のように、自分の本能は何に対して叫びたいのか。

まったくもって抽象的で大丈夫。

「そうありたい、ならば、何をすべきだろうか?」と後から具体的な行動は見つかっていくから。

最近よく聞かれるようになった「Well-being」という概念。直訳すると「幸福」「健康」になるけれど、これは「こうありたい自分」を考えて行動に移していこうという提案に他ならない。

▒doing——「何をしたいか?」を考える

それは、体の外側へ外側へ手を伸ばしていくイメージ。

自分が手に入れたい物を考えるでも、役職や肩書きがほしいでも、あれをしたい、これをしたい、もっとしたいと思えることを探していく。

「憧れの人が社内で表彰されていたので、私も後につづきたい」とか、「旅行で行った地域が特別に気に入って、そこに住んで2拠点生活をしたい」とか。

こうしたいという自分のふるまい、行動をイメージしていく。

そこが明確になれば、その時の自分の心はどうなっているか想像はつきやすい。「being」（どうありたいか？）と「doing」（何をしたいか？）は交互に行き来する中で、ありたい姿はだんだんはっきりしていく。

この2つの考え方を頭におきつつ、具体例を紹介しながら、未来をどんな風に解釈するかを書いていく。

未来は不確かだ。だからこそ、揺らがない意志を持っていたい

コロナ禍の中、スタートした2020年の「言葉の企画」。

連続講座の中で、自分を、現在を、過去を解釈してきた参加者たちに「未来の自分を企画する」と題して、最後に出した課題がこれだった。

「あなたはどんな企画をする人になりますか？」

実は、その半年前、講座へのエントリー段階ではこんな問いかけをした。

「あなたはどんな企画をする人になりたいですか？」


はじまりの「なりたいですか？」から半年後、最後は「なりますか？」に。

たった数文字の変更。だけどこの違いはかなり大きい。

未来は、自分の胸の内にある意志がつくっていく。

本来ならば、2020年に東京オリンピック・パラリンピックは盛況に開催されていたはずだし、それどころか世界中がコロナ禍で「当たり前」がこんなにも変わるなんてだれも予測していなかった。

未来は不確かだ。だからこそ、揺らがない意志を持っていたい。

「どうありたいか？」でも「何をしたいか？」でも、土台となるのはその人の「意志」。

だれしもが、自分自身の未来の企画者のはずだ。

これまで自分自身を見つめてきたことで、他人になるのでもなく、何者かになるのでもなく、なりたい自分が見えてきているのではないか？

きっとそうなっているはずだと祈るような気持ちで出した課題だった。

自分の未来に思いを馳せ、1枚にまとめる。これはいわば、未来への企画書。

ここから、3名の未来を紹介していく。

そこにある「考え方」に注目しながら見ていきたい。

あなたの名前に、あなたの好きに、あなたの未来の入口がある

内田《うちだ》泰歩《やすほ》さんの場合。


大学4年生で、翌年には就職というタイミングで参加してくれた内田さん。

「どうありたいか？」を考える「being」型の未来を書いてくれた。

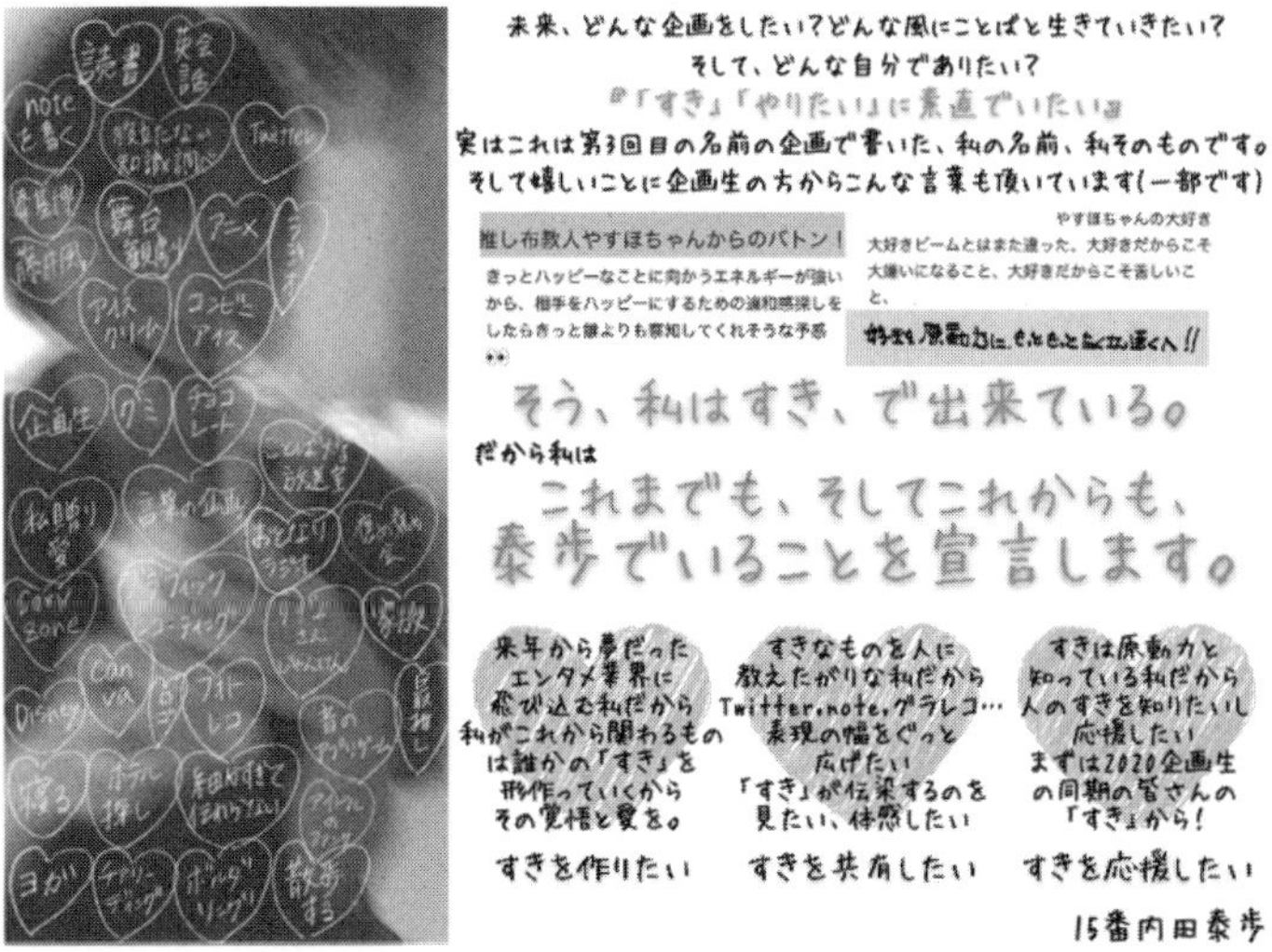
未来、どんな企画をしたい？どんな風にことばと生きていきたい？
そして、どんな自分でありたい？
『「すき」「やりたい」に素直でいたい』
実はこれは第3回目の名前の企画で書いた、私の名前、私そのものです。
そして嬉しいことに企画生の方からこんな言葉も頂いています（一部です）
推し布教人やすほちゃんからのバトン！
やすほちゃんの大好き
そう、私はすき、で出来ている。
だから私は
これまでも、そしてこれからも、
泰歩でいることを宣言します。
来年から夢だった
エンタメ業界に
飛び込む私だから
私がこれから関わるもの
は誰かの「すき」を
形作っていくから
その覚悟と愛を。
すきを作りたい
すきなものを人に
教えたがりな私だから
Twitter、note、グラレコ…
表現の幅をぐっと
広げたい
「すき」が伝染するのを
見たい、体感したい
すきを共有したい
すきは原動力と
知っている私だから
人のすきを知りたいし
応援したい
まずは2020企画生
の同期の皆さんの
「すき」から！
すきを応援したい
15番内田泰歩

未来への意志を、3行目にこう記してくれている。

『すき』『やりたい』に素直でいたい」

そう思うのは、自分の名前そのものだから、と。

内田さんは「名前紹介」において、自分の名前をこんな風に解釈してくれていた。

泰（やす）＝満ち足りている豊かな様子

歩（ほ）＝歩く、足で進む

それはつまり「豊かさを求めて前に進んでいく」

今の私にとって「豊かさ」とは「すき」「やりたい」に素直でいられること。

親しい人からかけてもらった言葉にもヒントがある。きっとこの1枚に書いてくれた以上の言葉を思い出したのではないかと思う。そうして宣言してくれた言葉は、とても力強いものだった。

これまでも、そしてこれからも、泰歩でいることを宣言します。

自分の名前が、未来を指し示している。
これは、自分自身の名前を解釈してくれた人であれば共感してもらえるはずだ。
名前から見いだした意志は、未来にだってつながっている。

自分の思いつくかぎりの「好き」をリストアップしてみる。
その「好き」から共通点を考えてみたり、どうして心が惹かれるのか考えてみたりする。そうすることで自分自身が追い求めているものが見えてくる。

「好き」はわらしべ長者のようだと思う。

一つの「好き」はチケッーのようにたくさんの出会いをつくってくれる。そしたら、また次の「好き」に巡り合える。その繰り返しで、想像もつかないところまで自分を運んでくれる。その感覚を信じて、私は前へ前へと進んでいきます、そんな声が聞こえてくる未来への宣言だった。

自分の「名前」に、自分の「好き」に、自分の未来の入口があるのだ。

未来は見えると行ける。
前進するエネルギーを与えてくれる

秦法爾《はたのりちか》さんの場合。


「何をしたいか？」を考える「doing」型の未来を書いてくれた。

ある特定のモチーフを用いることで、ぐっとイメージが湧きやすくなる。

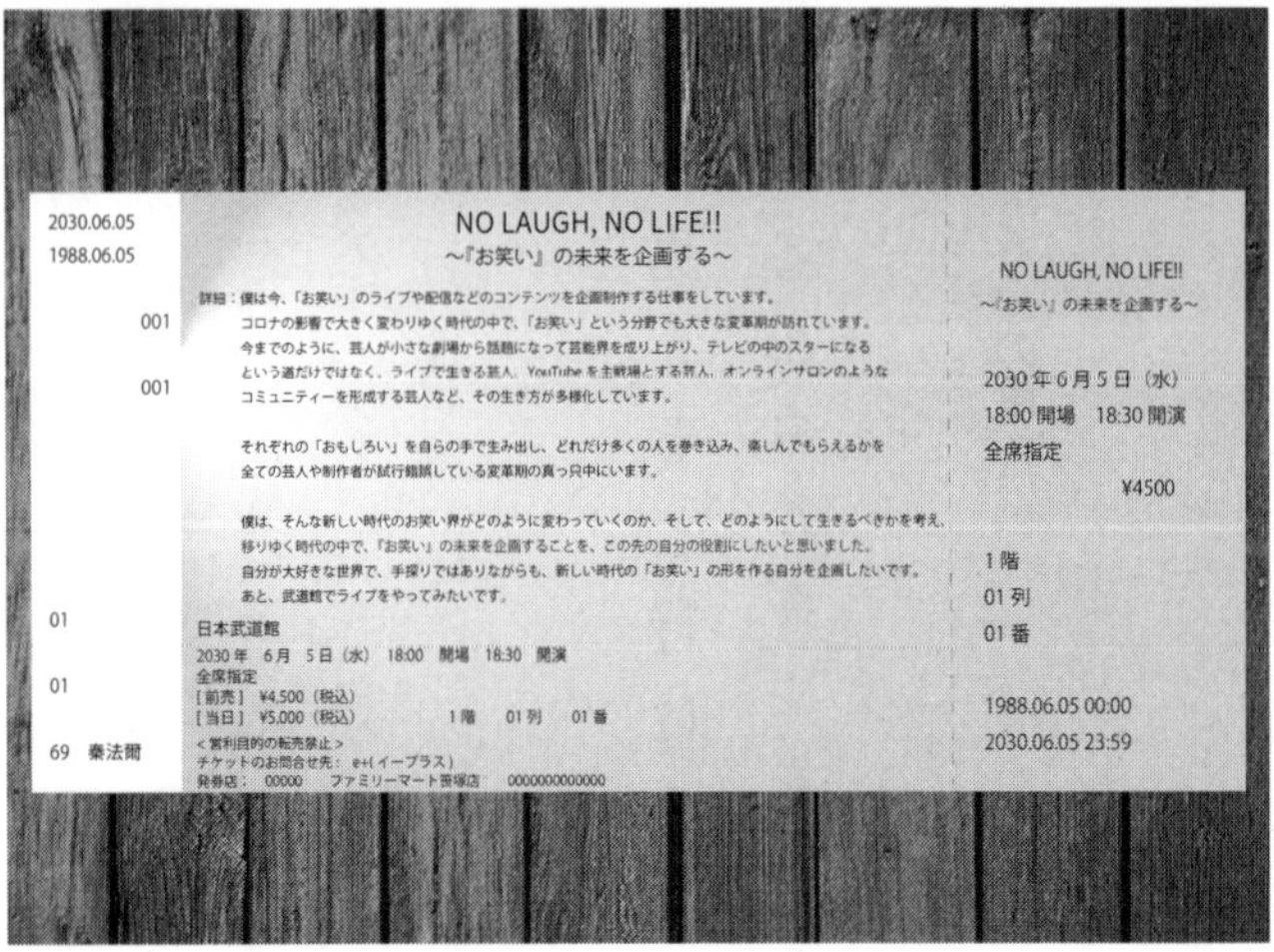

秦さんの仕事は、お笑いにまつわるコンテンツ制作。選んだモチーフは、秦さんにとって身近であり、仕事を象徴するライブチケットだった。

チケットの説明欄に、「お笑い」の仕事がコロナの影響を受けて変わってきていること、そして、お笑い芸人の生き方が多様化する中での、自分の目指す先をこう書いてくれている。

僕は、そんな新しい時代のお笑い界がどのように変わっていくのか、そして、どのようにして生きるべきか考え、移りゆく時代の中で、「お笑い」の未来を企画することを、この先の自分の役割にしたいと思いました。

自分が大好きな世界で、手探りではありながらも、新しい時代の「お笑い」の形を作る自分を企画したいです。

あと、武道館でライブをやってみたいです。


秦さんの未来への決意を読んで、思い出した言葉がある。

人間が想像できることは、人間が必ず実現できる。

——ジュール・ヴェルヌ

SFの父とも呼ばれるジュール・ヴェルヌが言う通り、想像すれば想像するほど、その光景は鮮明になっていく。

チケットに書かれた日付と場所。

たとえそれが10年先であろうと、書くことで近づける。思いを馳せた武道館のイメージが自分自身を後押ししてくれる。

未来は、見えると行ける。前進するエネルギーを与えてくれる。

あなたの目指す先には何が待ち構えているのだろうか？

妄想してみよう。どれだけ突飛でもかまわない。

晴れ舞台の情景を、そこにいる自分を、具体的に思い浮かべてみよう。

組織の自分と、個人の自分。2つを混ぜ合わせていくこともできる

宮野内雄樹《みやのうちゆうき》さんの場合。


「どうありたいか？」を考える「being」型の未来を書いてくれた。

会社で人事の仕事をしながら、言葉をあつかうプロになりたいという思いからコピーライター養成講座にも通い、学びつづける宮野内さん。

この人を応援したい。

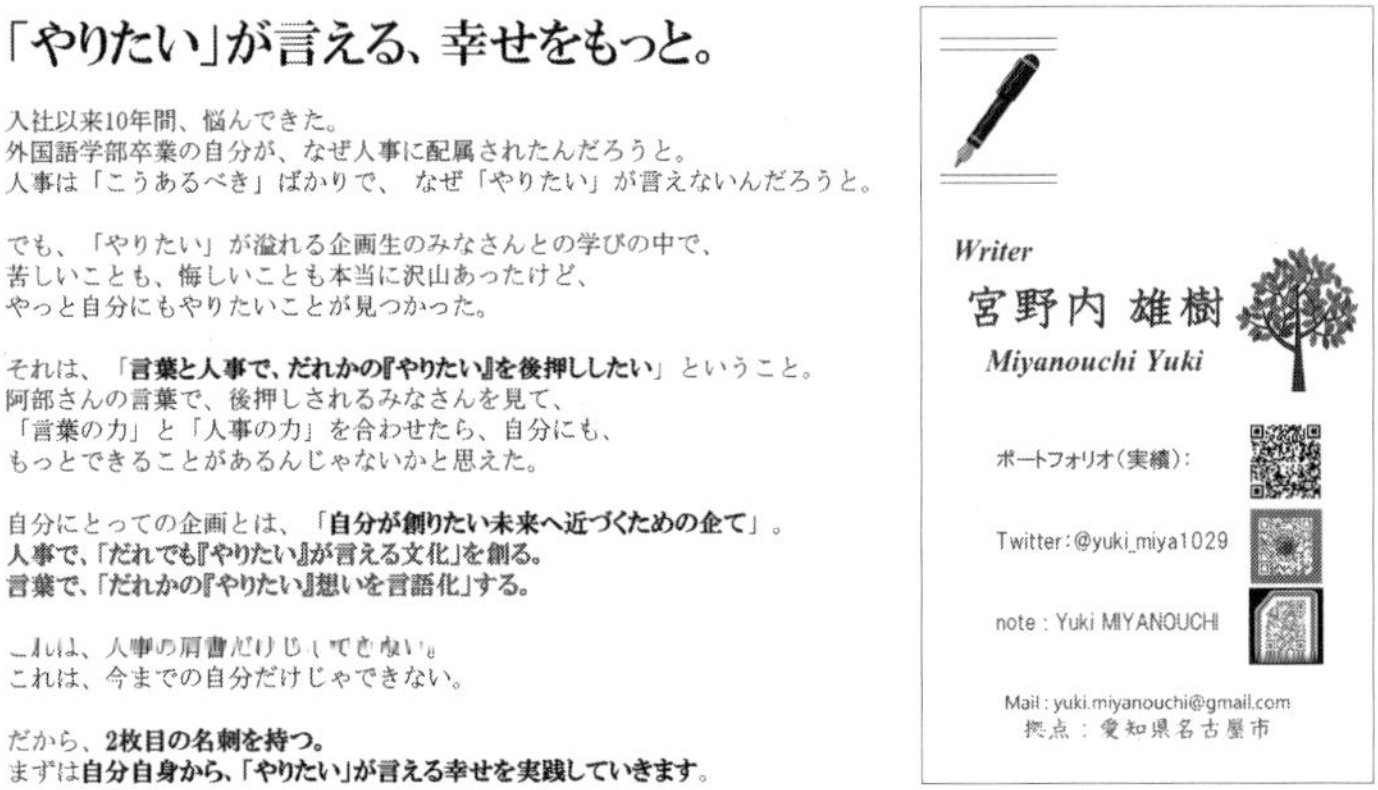

「やりたい」が言える、幸せをもっと。

入社以来10年間、悩んできた。
外国語学部卒業の自分が、なぜ人事に配属されたんだろうと。
人事は「こうあるべき」ばかりで、 なぜ「やりたい」が言えないんだろうと。

でも、「やりたい」が溢れる企画生のみなさんとの学びの中で、
苦しいことも、悔しいことも本当に沢山あったけど、
やっと自分にもやりたいことが見つかった。

それは、**「言葉と人事で、だれかの『やりたい』を後押ししたい」**ということ。
阿部さんの言葉で、後押しされるみなさんを見て、
「言葉の力」と「人事の力」を合わせたら、自分にも、
もっとできることがあるんじゃないかと思えた。

自分にとっての企画とは、**「自分が創りたい未来へ近づくための企て」**。
人事で、「だれでも『やりたい』が言える文化」を創る。
言葉で、「だれかの『やりたい』想いを言語化」する。

これは、人事の肩書だけじゃできない。
これは、今までの自分だけじゃできない。

だから、**2枚目の名刺を持つ。**
まずは**自分自身から、「やりたい」が言える幸せを実践していきます。**

僕がそう思ったのは正直な思いを伝えてくれたからだ。

入社以来10年間、悩んできた。
外国語学部卒業の自分が、なぜ人事に配属されたんだろうと。
人事は「こうあるべき」ばかりで、なぜ「やりたい」が言えないんだろうと。

決して他人事だとは思えなかった。所属する組織の在り方や当たり前に、自分をしばりつけてしまうことがあるというのは、僕自身、身に覚えのあることだった。

最近では「配属ガチャ」という言葉が

生まれるくらい、どの部署で働きたいかを伝えても、希望通りに行くことの方がむしろ稀で、ミスマッチで悩んでしまう人も多いそうだ。

一方で、闇雲に、適当に行われる人事なんてないと僕は信じている。配属を考える人が、その人の働く姿から何かしらの適性を見抜いて、配属先を決めていると、僕が元人事なのもあり、そう思っている。

宮野内さんは、今の部署に配属された自分と、言葉と向き合う仕事をしたいという思いを掛け合わせて、一つの答えを出してくれた。未来への解釈はこうだ。

「言葉の力」と「人事の力」を合わせたら、自分にも、もっとできることがあるんじゃないかと思えた。（中略）

これは、人事の肩書だけじゃできない。

これは、今までの自分だけじゃできない。

だから、2枚目の名刺を持つ。

まずは自分自身から、「やりたい」が言える幸せを実践していきます。

2枚目の名刺とは何か？

会社の名刺とは別に、個人の価値観を反映して、実行しようとする時に持つ名刺のことを言う。プライベートの活動の中で、その名刺を人に渡し、自己紹介する。

その機会を繰り返し持つことで、組織の自分と個人の自分、2つを混ぜ合わせていくこともできる。

「どうありたいか？」

未来の自分を考える時に、新しい自分でなくちゃいけないと力みすぎなくていい。

今のままの自分から、やりたい方へ、行きたい方へ。

少しずつはみ出していけばいい。

そう捉えたら、これまでより肩の力を抜いて未来の姿を考えられる気がする。

紹介してきた三者三様の未来の企画書。

あなたはどんな未来をつくるだろうか？

まとめ方を模索しながら、取捨選択をし、選んで1枚にまとめることで、力が宿る。

それは自分自身の未来に贈る手紙にもなる。

もし、これから先の未来を考えるのは、まだちょっと気が重いなと感じたら……

一文字の漢字を通して、未来を解釈していくやり方もある。

「この1年の希望の漢字一文字を決めよう」

このワークショップのこともあなたと共有したい。

希望の漢字が一文字あるだけで、案外心の拠り所になる

毎年の年末、1年の世相を象徴する漢字が決まります。

その逆で、あなたはこの1年をどんな年にしたいですか?

希望の漢字を一文字で教えてください。


「未来の自分を企画する」を最後の課題とした、2020年の連続講座「言葉の企画」。

希望の漢字を決めるワークショップは、この講座の最終回から生まれた。

２０２０年、Zoomをつないでオンラインで全国からつながることができた。

最終回は、感染対策に最善を尽くしながら、はじめてリアルな場に集合する。

この機会をゴールではなく、新たなスタートにするために……

２０２１年、どんな１年にするか？　それぞれが漢字一文字を決めて、それぞれの目標に向かって進もう。こんな試みをメンバーたちが企画してくれたのだ。

その名も「未来につなぐ黄色いハンカチプロジェクト」。

映画「幸福《しあわせ》の黄色いハンカチ」のよう

にハンカチが門出を祝う。

そのハンカチには希望の漢字がプリントされている。


どんな1年にしたいのか、漢字を考えて、選んで、決断する。

これが想像以上だった。「これはいいぞ」と手応えがあったのだ。

2020年の年末に決まった、1年を象徴する漢字は「密」だ。

3密という概念が提唱され、行動様式が密にならないように意識したから……

その理由に「なるほどなぁ」と納得はするけど、そこに投影できる個人的な感情はどちらかと言うと薄い。

1年を象徴する漢字を予想するのではなく、自分の1年後を想像する。

どんな1年を過ごしたいのかを考え、希望の漢字を決める。

ちなみに僕は、「画《かく》」という一文字を選んだ。

2020年は、ステイホームの日々でも諦めずにたくさん「企」てた。ぜひとも2021年はそれを実現していく企画の「画」の1年にしたいと決意したのだ。

あなたならどんな漢字一文字に決めるだろうか？

各地でワークショップをしてきた中から、8つの希望の漢字を、そこに込められた思いとともに紹介したい。

「展」

「転がる、伸びる、広げる」の意味を持つ「展」を選びました。自分なりに挑戦をした昨年を経て、新しい1年は、自分を展開していきます。転がり、伸び、広がっていきたい、そんな期待を込めました。

「紡」

「一つ一つの言葉をつなげ、一つのまとまった物語を作り上げること」という意味が紡ぐにはあります。2020年、思いもよらない障壁が立ちはだかった1年の中で、模索しながら紡いできた経験や、言葉を大切にしてきた日々が、翌年につながっていくといいなという願いを込めました。

「愉」

「楽しむ」ではなく「愉しむ」をあえて選びました。「愉」は、与えられたことに対して楽しく過ごすというより、自分自身の気持ち、意志から生まれる楽しい状態を指すそうです。見方を変えること、ものは言いようであること、自分自身で幸せに向かって企てていきます。

「実」

ずっとずっと叶えたかった思いや、積み重ねてきたものが、「実(みのる)」1年にしたいと思いました。また、この字には、「中身がじゅうぶんに備わっている、誠実な」という意味があります。自分の気持ちに正直に、自分の良さを忘れずに、中身のある人間になろうという抱負も込めました。

「柔」

芯がある人になりたいけれど頑固にならないように、いろんな人の話や意見を聞ける、柔軟で穏やかな自分になりたい。

「蝶」

動きたい衝動を抑えながら、さなぎのように栄養を貯めた２０２０年でした。やっとの思いで迎えた２０２１年。社会人になった私は、大事に温めてきたものをだれかに伝えながら、蝶のように羽ばたいているはず。あと、会いたい人に会いたい時に飛んでいける１年になりますようにという期待も込めて。

「集」

人が集まれる状況になることを願っています。コミュニケーションの場は、心を豊かにする最善の場です。飲食店を経営しており、宴会や会食が悪いものだとされている状況がもどかしくもあります。

「零」

原点にかえり、０から見つめ直す１年にしたいと思い選びました。ついこの間まで当たり前だったことが当たり前でなくなり、ネガティブな情報にあふれていますが、一度「零」に立ち戻って俯瞰してみることを意識します。

たった一文字だからこそ覚えやすい。自己紹介が抜群にしやすくなる

ワークショップをやってみて収穫だったのはこんな声を聞けたことだった。

「自己紹介が抜群にしやすくなりました」

同じ漢字一文字を選んだとしても、そこに込める思いは人それぞれ違うし、そこにその人らしさが出る。

「私はこの1年、企画の『画』の字を信条にして過ごしています。というのも、昨年はコロナ禍で、どうしても家にいて企てる時間が長かったので、今年こそは……」

こんな風に、漢字一文字と、そこに込めた思いを話すことで、抱負や決意を伝えることができる。たった一文字だからこそ覚えやすいし、相手の印象にも残りやすい。好きな言葉や座右の銘を紹介するのと同じような効果がある。

たかが一文字、されど一文字。

あなたが今、この本を読んでくれているのは、春夏秋冬いつだろうか？

もしも年末まで半年以上時間があるのならば、ぜひ考えてみてほしいし、すでに年末であれば、翌年をどんな1年にしたいのか希望の漢字を決めてほしい。

そして、心の中で念じてみてほしい。

何か迷いが生まれた時の拠り所となってくれるはずだ。

年の瀬には、どうだったかの答え合わせが楽しみになる。

秘伝のキーワード。「我々はどこから来たのか我々は何者か我々はどこへ行くのか」

コピーライターとして、企業のブランディングに携わることがある。

個人の集合体である企業の向かう先を考える。

その解釈するプロセスは、個人の未来にも活かせるので紹介したい。

ブランディングというと、たとえば、新しいロゴに切り替えて、新しいデザインにして、新しいスローガンをつくりましょう、というような仕事をイメージする人も多いのではないだろうか。

そういった外側を着飾る仕事ももちろんあるとは思うけれど、僕が担当してきたのは、もっと企業の内面、つまり人の思いに迫っていく仕事だった。

時代の急速な変化に伴い、「今一度、経営を見直そう」、「急成長している今、チームをまとめる言葉が必要だ」、そんな相談が確実に増えている。

もう一度スタートを切ろうという企業に向き合い、経営者の思いを言葉にしていく

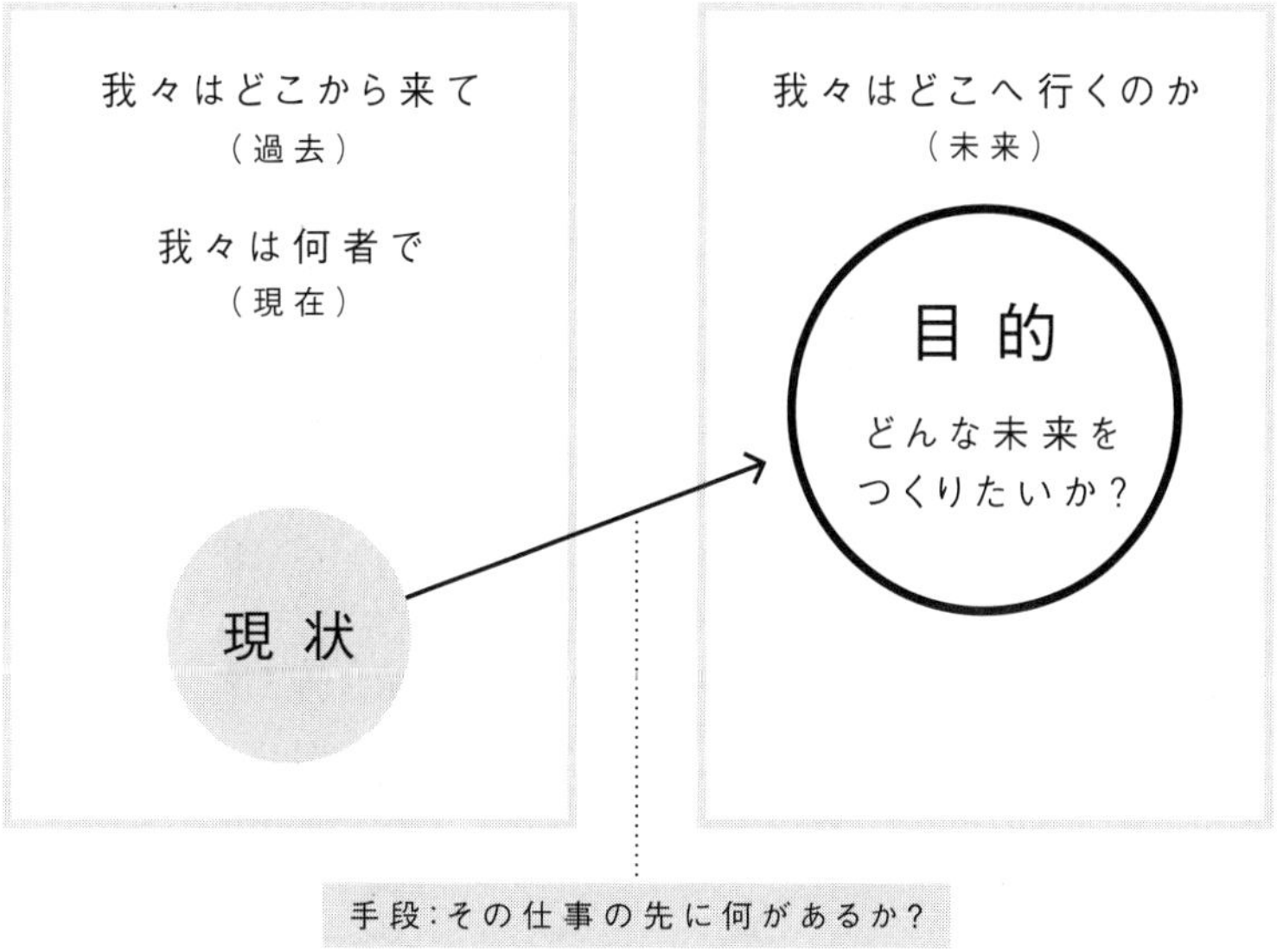
我々はどこから来て
（過去）
我々は何者で
（現在）
現状
我々はどこへ行くのか
（未来）
目的
どんな未来を
つくりたいか？
手段：その仕事の先に何があるか？

のが僕の役割だった。

会社の「未来創造グループ」という部署に所属していた時、考える指針にしているの秘伝のキーワードがあった。

「我々はどこから来たのか　我々は何者か　我々はどこへ行くのか」

これはフランスの画家、ゴーギャンが残した作品のタイトルだ。「自分の道を見つけよ」というメッセージのようでもある。

この言葉と上の図に沿って解釈していくことで、過去・現在・未来を整理し、一つのつながりを持たせ、何のために働いていくのかを明確にしていくことができる。
目指す先である「目的」と、そこに行くための「手段」を明確にする。
今ここにある「現状」から、この先にある「目的」へ。
手段のところに「その仕事の先に何があるか？」と記した。
今、あなたが目の前の仕事に取り組むのはなぜか？
どんな未来をつくりたいか？
実際の事例を紹介する中でイメージしてもらえたらと思う。

ミッションを策定することは、自分の「命＝時間」を何に使うのか言葉にすること

2016年のことだ。

とびきり美味しい焼きたてチーズタルト「BAKE CHEESE TART」や、サクとろでやみつきになる焼きたてカスタードアップルパイ「RINGO」などを生み

出す製菓企業「ＢＡＫＥ」のミッションを策定する仕事をした。

「ミッション」を日本語にすると、使命。

つまりはそのまま、何に命を使うのか？　それを決めて言葉にする。

もともとの語源は、ラテン語で「送る」を意味する「mittere」から来ていて、「神の言葉を送り届けよ」と解釈され、今の「使命」の意味合いになっていったそうだ。

Googleだって Amazonだって、最初はガレージからはじまっている。

大きくなりすぎた企業ほど想像がつかないけど、人の思いから生まれ、人が集まり、人が育てて大きくなっていく。

経営者が神だ、なんて言うつもりはさらさらないけれど、経営する人の心が何に突き動かされているのか？　そして企業はどこに向かうのか？　これらを、チームの人たちに「送る」ために言葉にするのだと僕は捉えている。

答えは僕の中にない、僕と相手の間にある。だから聞いて、聞いて、聞いて、書く

もしかしたらミッションのコピーは、コピーライターがサラサラッと書いて「こんなのどうでしょうか?」と提案する姿を思い浮かべる人もいるかもしれない。

実際は違う。言葉を引き出す感覚だ。

答えは、僕の中にあるのではなくて、僕と相手の間にある。

だから、コツコツ、コツコツ、聞いていく。

徹底的に「聞く」ことからはじまる。

聞いて、聞いて、聞いて、書く、というのが大げさではないくらいに、「BAKE」の経営陣のみなさん、社員のみなさん、お一人につき1時間、20名近くの方に、どんな変化球や豪速球も受け取るキャッチャーのごとく聞いていく。

何を聞くかというと、第1章の「自分篇」の「仕事に名前をつけよう」の時と似ているけれど、こんな感じだ。

難しいことを尋ねる必要は一切ない。

・なぜこの仕事をはじめたのですか？
・今、仕事をしていて何が面白いですか？
・これから仕事でどんなことをしたいですか？

ゴーギャンの作品タイトル通り、「過去・現在・未来」を聞いていく。

本当にこれだけでいい。最低限にして、最重要。

「ＷＨＹ」と「ＷＯＷ」を意識しながら向き合う。

気になるところがあれば、「それはどうして？」と聞いていく。

「自己選択」を意識しながら、その道を選んだ理由を引き出したい。

聞き手である「自分」というフィルターを通した時、どんな驚きがそこにあるか？

同じ企業に所属していても、一人ひとりの感じていること、考えていることは当然ながら違う。でも、積極的に解釈して相通ずる何かを見つけていこう。

それをまとめて、磨いて　見てもらう。そしてお互いに感じたことをキャッチボールする。場が温まった時、何気なく発せられた一言が鍵を握っていたりする。

ＢＡＫＥの時も、経営者の方と喫茶店で話している時に伺った思いがステートメントの核になった。

企業であっても結局は人の思いなんだ、そう強く思った。

最終的にミッションはこうなった。


お菓子を、進化させる。

お菓子の可能性はこんなものではないと、私たちは信じています。お菓子をもっと面白くします、美味しくします。つくり方、見せ方、届け方、お菓子作りのすべてのプロセスに本気で向き合います。原材料にこだわり、手間をかけ、最良な状態で、世界中の一人でも多くの人に届けていきます。


これからどこに向かえばいいのか、その方角を見つけるための言葉。

それはいわば、北極星のようなものだ。道に迷った時も、見上げればそこで輝いている。目指して進んでいけばいいと安心できる言葉。

そして、あまり知られていないことでもあるけれど、実際の北極星は「交代制」でもある。地球の回転軸がゆっくりと方向を変えていくため、数千年の周期で変わっていく。

もしもそれが個人であれば1年、2年単位かもしれない。企業だとしたら数年、数十年単位かもしれない。この先も永遠に同じということにロマンもあるけれど、成長や成熟度合いによって、ミッションは変わっていくものだと僕は思っている。

自分の未来しかり、企業の未来しかり。

結局は「こうしていきたい」という人の意志がこの先の未来をつくりだしていく。

ではどうやって自分自身と向き合うと良いのだろうか？

第4章の最後に、未来を考える上で、自分の心との向き合い方について書きたい。

自分という唯一無二の「親友」と、約束エネルギーで進んでいこう

「未来」は、いくつもの名前を持っている。弱き者には「不可能」という名。卑怯者には「わからない（不可知）」という名。そして勇者と哲人には「理想」という名、である。

——ヴィクトル・ユーゴー

小説『レ・ミゼラブル』の作者として知られるヴィクトル・ユーゴー。
彼の未来への名付けに、僕の解釈も加えたい。

未来とは「約束」なのではないだろうか？

他者との、そして何よりも自分との約束。

それを果たしたいという「約束エネルギー」こそが、未来への前進を支えてくれる。

「自分の心の声を聞こう」と繰り返し言う僕自身も、はじめはどうやって耳を澄ませばいいのかよくわからなかった。

自分を唯一無二の「親友」だと捉えるようになってコツをつかめた。

自分という存在とは腐れ縁だ。逃れられない。切っても切り離せない。

好きでたまらないという時もあれば、たまに嫌いになる時もあると思う。

元気な時もあれば、弱っている時もある。色々な自分がいる。

未来を前にして立ち尽くして、もやもやする時もあると思う。

このままでいいのかな？　これからどうしようかな？

自分の浮かない気持ちに気づいた時、自分自身になんて声をかけるだろう？

そういう時こそ、もし自分が親友に相談されたらなんて答えるかを考えてみたい。

週末は銭湯に行ってリフレッシュしよう、なのか。たっぷり休んだらふんばってみよう、なのか。どうしても人は、自分のことになると「こんなはずじゃない、なんとかしないと」と思ってしまう。自分をいたわる気持ちを忘れちゃいけない。

ダイバーシティが大切にされる世の中で、それと同じくらいに自分の中の多様性を尊重したいし、一色ではおさまらない自分の持つ可能性を引き出してあげたい。

親友に伝える言葉を想像して、自分自身に伝えてあげよう。


未来は今だ。今の連続が間違いなく未来をつくる。

どこへ向かうのか？　その鍵を握るのは自分の心であり、自分の意志だ。厳しすぎず、甘やかしすぎない自分との約束の積み重ねが、より良い未来の自分をつくる。

一人で完結させなくていい。未来を解釈してみよう、そして語ってみよう。

そして、まわりを巻き込み、つながり、助け合っていこう。

未来を、流暢《りゅうちょう》に語れなくたっていい。

未来は「0か100」、白か黒かなんてことはありえないのだから。グラデーションを、その間にあるグレーな日々を愛そう。「0から100まで」の一進一退、行ったり来たり、寄り道を楽しみながら僕たちは進んでいける。

どんな未来だって、今からつくっていける。

解釈する先に人は進める。

小さな寄り道　その4

だれのための未来なんだろう？
という話をあなたにしたいです。

未来について語る時、
もしくは夢について語る時って、
まわりからどんな反応があるでしょうか？

もう5年以上前のことなのですが、
ちょっと根に持っていたことがあります。

たとえ小さな仕事の成果でも、
もしくは趣味の活動であっても、
SNS上で発信することで、
きっとだれかが見つけてくれる。
そこから次のチャンスが、
生まれていくと思っています。

SNSを見るだけにする、
いわば「ソーシャル無口」もありだけど、
せっかくならばそこで感じた解釈を、
伝えていきたいなと。

何より自分のやりたいことや好きなこと、
自分の「志」を知ってもらえることは、
すごく貴重でありがたいことだと思って、
僕はマメに投稿をするようにしています。

ライフワークとしてやりつづけている
学びの場の開催を、
Facebookに投稿した時のことでした。

「どこに向かおうとしているの？」

仕事でつながった方からのコメントが……
一時停止ボタンを押したかのように、
「うっ」と一瞬、心にくるものがありました。

どんな表情なのか？　どんな声色なのか？
目の前にその相手がいないからより一層、
冷ややかな目線があるかのような、
そんな錯覚をしてしまいます。

すぐに反応せず、しばらくじっと考えました。
「どういうことですか？」とコメント欄で
わざわざやりとりするのも気が乗らないし……

「僕なりのやり方でがんばっていきます」

なーんてお硬い返答をした時のことを、
ざらざらした感情とともによく覚えています。

「これからどうするか？　どうしたいか？」

就職活動の面接でも、会社の面談でも。
友達や、パートナーや、家族との話し合いでも。
未来を語る時って、胸がいっぱいになって
うまく言葉が出てこないこともあります。

「これまで」を語るのとも違って、
おぼろげな「これから」を語ることは、
どこかドキドキするし、ちょっとこわい。

相手が、まわりが、どんな反応をするか？
笑われるかも、スルーされるかもしれない。
想像もつかない反応があるかもしれない。

「あーもう！
　理解されなかったらどうしよう？」と、
　気持ちが縮こまってしまったこともあります。

だれのために未来を語るのでしょうか？

それは間違いなく自分自身のためです。
そして、この先の道をともに
過ごしていく人のためでもあります。

受け取ってもらえないかもしれない。
もしかしたら、揶揄されるかもしれない。
嫌になっちゃうのが、
そんな意見ほどよく目に飛び込んでくる。

でもそれは、こう呼ぶそうです。
「ネガティビティ・バイアス」
人間の脳は、生存本能によって、
いち早く危険なものやネガティブなものを、
察知できるようにつくられているそうです。
「なるほど！」と僕は安心できました。

ネガティブな、ほんの一握りの人のために、
口をつぐんでしまうのはもったいなさすぎる。

この文章を書くために、
改めて過去の投稿を振り返りました。
ファイトって後押ししてくれる
たくさんの人たちの言葉を読んで、
温かな優しさがドカドカ心に入ってきました。

自分の人生はだれを大切にしたいのか？
これに尽きます。斜めに見てくる人に、
正面から向き合う必要はない。

「どこに向かうのか？」

あの時のコメントの返信。
こう伝えられたら良かった。

「どこにたどりつくか
　楽しみにしていてくださいね」

こんな風に解釈していったら、
根に持っていた気持ちが広がって、
心の芯が太くなったような感覚になれました。

自分の気持ちに、「これから」に遠慮しない。

何もＳＮＳだけじゃなくても、
メールでも良いんです。僕が最近、
心がけているのが、魅力的だと思った人に、

手紙を書くように近況報告のメールをする。
「おっ、それなら！」と返信をもらえて、
そこから、新しい何かがはじまる。
そんなこともリアルに起きています。

改めて思うのは、一体感をつくるのは、
結局、一対一の地道な積み重ねなのだなと。

自分の中にある手触りや手応え、
あるいは直感を、丁寧に言葉にする。
そしてそれを、発信する。大切な人に届ける。
その姿勢があれば、どんな未来だって、
きっと大丈夫になっていくし、
その先の答え合わせが楽しみになります。

さあ、いよいよ次が最後です。
この本の締めくくりとなるメッセージとして、
あなたに伝えたいことがあります。

勝手に決めつけていたのは、
他でもなく僕自身だった

自分なんてと、勝手に思っていた。

この先には進めないと、勝手に決めつけていた。

もしも大学生の頃の僕に会えたとして、今、コピーライターをやっているよ、って言ったら信じてもらえるだろうか?

「えっ」という表情をして、たぶんキョトンとすると思う。

信じられないはずだ。だって、そっちの道には縁がないと思い込んでいたから。

就職活動の際、OB訪問をしていた時のことだ。

第3章の「過去篇」で書いたように、僕は学生時代、アメリカンフットボールにのめりこんでいた。僕の担当する「ライン」というポジションは、ボールに触ったら反則になる。ガチンと相手とぶつかり、ボールを抱えた選手の走る道をつくるのが仕事だ。「縁の下の力持ち」という言葉を地で行っていた。

「体重が増える＝強くなる」という方程式が成り立ってしまうから、筋トレと同じくらい熱心に食べるトレーニングをしていた。だから、見るからにデカかった。誇張抜きでプロレスラーのようだった。

そんな風貌でOB訪問に行くもんだから、当然ながら社員の方たちとも「君は体力ありそうだねえ！」なんて会話からスタートする。

つづけざまに「ガッツリ営業で働けそうだね」と言われて僕も「はい！」と元気よく答えていた。

「そういうものだ」という思いがどんどん自分を飲み込んでいく。

本当の本当は、アイデアを考える「クリエーティブ」の部署とか、ちょっと気になっていたのに、どんな人が働いているのかを調べることすらせずに、目を向けなくなっていった。「え、君が?」なんて言われる気がしてこわかった。

線を引いていたのは、他でもなく僕自身だった。

今思えば、それがいかにありえないことかわかる。

仕事において体の大きさなんてまったくもって関係ない。本当にない。

問われているのは、何を思い、何をしたいかだ。


「一緒につくろうよ」と手を引いてくれたのは、親友だった。

その一声で、勝手に引いた線を越えられた。

「僕もつくっていいんだ」そう思えたし、「やりたい」という自分の気持ちを信じてみたくなった。


人事局にいる僕が、会社でコピーライターの仕事をするには転局試験を突破する必要がある。合格は厳しいだろうというクリエーティブディレクターの予想に対して、僕はこう解釈していた。

簡単に書けたら逆に困るよ。

今ここが底辺、これ以上書けなくなることはない。

きっと、ここから這い上がっていく。

僕には伸びしろしかない。

気持ちは前を向いていた。


その手があったから今の僕がいる。

だからこそ、あなたの手を引っ張りたい

昔から、音楽を聴くのが好きだった。中学生の頃に聴いた、BUMP OF CHICKENの『天体観測』。完全にハマった。イントロのギターのフレーズから、心が鳴りっぱなしだった。

音楽チャートを毎週チェックするような10代を過ごした。

音楽という世界にあまりにも憧れてしまったからかもしれない。

コピーライターになることができても、自分は一人のリスナーで、作詞をしたいなんて口にできなかった。胸に秘めたままだった。

まだだ。自分なんてと、勝手に思っていた。

「今度、YouTubeで公開するドラマをつくるんです。阿部さん、その主題歌の作詞をお願いできませんか？」

友人の映像ディレクターが誘ってくれた時、平静を装うのに必死だった。

「もちろんです、ぜひやります！」気づいたら即答していた。

作詞家の先輩たちから学びたいと調べていたら、日本を代表する作詞家の阿久悠さんが元々はコピーライターをしていたと知った。

阿久悠さんの創作や企画にまつわる著作を読み漁る。すると、意志さえあれば道は開けると語りかけてくれているように感じた。

出会ってきた人たちが手を伸ばしてくれたから、僕は今この本を書いている。

だからこそ僕は、あなたの手を引っ張りたい。

あなたを取り囲む「勝手」を、解釈することで取り払おう

四角の中に人で「囚われる」と書く。

そこにある囲いは、だれかのつくった「勝手」だ。

しきたりやルール。業界の慣習や、当たり前とされるものは「こうあるべき」という無言のプレッシャーとともに四方八方から迫ってくる。

自分のつくった「勝手」で、自分をしばってしまうことだってある。

目の前の仕事や、もちろんプライベートでも「まあ、こんなもんか」と思ってしまった瞬間に、心は浮き立たなくなっていく。

囲いの中にいることは安心できることも知っている。

それは、守られているとも言えるかもしれないし、何かあった時にだれかのせいにできてしまうかもしれない。

それでも、伝えたい。

はじめる前に諦めてしまうのはあまりにも悔しい。

もやもやすることや息苦しさ、心に抱く漠然とした閉塞感。

もしも今あなたが、何かに囚われている状態をなんとかしたいと思ったら、立ちはだかる「勝手」を解釈することで取り払おう。

自分も、現在も、過去も、未来も、勝手に決めつけない。

対象をよく見る。物事の見方、捉え方を変えて、解きほぐしていく。

解釈することで、目の前にある壁を越えていける。

その先にいい景色が見えそうだったら迷わずいこう。

そういう時こそ、「なんとかなる」と決めつける。

思い込んでみて、「えいや!」で進んでみる。

そしてもし立ち止まることがあったら、そこでまた解釈すればいい。

自分の心に向き合い、
自分の正解を生きる後押しをしたい

この本だってそうだ。

一人の解釈からはじまっている。

2019年の連続講座「言葉の企画」。

そこに通ってくれた橋本莉奈さん。出版社のディスカヴァー・トゥエンティワンで営業の仕事をしていることは知っていた。

その年のすべての講座が終了した後、打ち上げをした。みんな晴れやかな顔をしていた。会を締めて、最寄り駅に向かう帰り道、突然、橋本さんから手紙を受け取った。

心なしかその手は震えているように見えた。

一人になり、ドキドキしながら封をあけた。そこにはこう書いてあった。

今、「自分のやりたいこと」「好きなこと」「直感的にいいと思うこと」を仕事にしよう、これからは画一的な答えのない時代だ、という社会の空気があります。

そうは言っても、自分のやりたいことなんてわからない、勇気が出ない、どうしたらいいかわからないと思っている人がたくさんいるのではないでしょうか。

私も、そのひとりでした。阿部さんのおかげで、「本の編集」という自分の心の中にあった夢を見つけることができました。

阿部さんのこれまでのご経験を踏まえながら、自分の心に向き合い、「自分の答えを生きる」ことを後押しできるような本を書いていただけませんでしょうか？

胸に熱いものがこみあげてきた。

言葉を選び、企てることで、日々が変わっていく。

それを伝えたくてはじめた講座の返信を手渡しで受け取ったように感じた。

橋本さんの導き出したその答えを何度も読み返した。

営業の仕事をしているから本の企画をしちゃいけないなんてことはない。

出版社に所属しているのだから、自分も、本を企画して、届けるんだ、と。学びの場で生まれた「講師と生徒」という関係を、「著者と編集者」と解釈して、行動を起こしてくれたことに感動した。

僕が受け取った思いのこもった「解釈」が、この本を書く招待状になった。

その後、橋本さんは編集部への異動を叶える。橋本さんと編集者の渡辺基志さん、大竹朝子さんとの幾千幾万のやりとりを経て、ディスカヴァーのみなさんの支えがあって、今あなたがこの本を手にとってくれている。

自由になる方法を知っているあなたへ。
ここから、いよいよ本番がはじまる

だれかの正解にしばられない「解釈」の練習。

その「練習」は、僕一人の力だけでは到底完成しなかった。

連続講座「企画でメシを食っていく」、「言葉の企画」の企画生のみなさん、オンライン生放送学習コミュニティ「Schoo」のスクー生のみなさん、コピーライター養成講座や、文章寺子屋「ぶんしょう舎」のみなさん、各地でのワークショップに参加してくださったみなさん、日々、チームのように隣り合って対話をしている妻、そして家族、友人、職場や学びの場で出会った先輩、後輩のみなさん。

決して大げさではなく、これまで出会ってきた一人ひとりに教わった解釈を合わせて完成することができた。

あなたはもう解釈とともに歩む生き方を知っている。

自分の現在を真ん中にして、未来と過去を両翼にする。その姿勢を持つことで、視界が開けて、自由を感じることができる。

「はじめに」という名の招待状から、「おわりに」という名のはじまりへ。

この本は、あくまでも解釈の練習。ここから、いよいよ本番がはじまる。

今、あなたの目の前に広がる現実こそが本番だ。

この「自己解釈本」に込めた解釈という名の羽ばたきの集合体が、時にお守りのように心に寄り添い、時にあなたの追い風になれたらと願っている。

僕がニュートンの「休校期間→創造的休暇」を知って目が覚めたように、せっかくオンラインでつながれる今だから、心が軽くなる、明るくなる解釈を分かち合っていきたい。自分の名前を解釈したり、自分の仕事に名前をつけたり、ここまで紹介してきたワークショップを是非やってみてほしい。

SNSで（特にTwitterは毎日チェックしている）あなたの解釈や、この本の感想を聞かせてもらえたら本当に嬉しく思う。

未来の待ち合わせ。オンラインでもオフラインでもいつか会えると願っているし、何より解釈の先に待ち合わせているのは、新しいあなた自身だ。

2021年4月25日。
3回目の緊急事態宣言、発出。

これから先、世の中はどうなっていくのだろう？

おそらくさらに大きく変わっていくだろう。

言い換えてみれば、これほど解釈しがいのある時代はない。

社会や会社の未来の状況がこうだから「これが正解だ！」なんて、そんな大きな声に流されそうになる時もあると思う。

しばられそうになることも、囚われることもあるかもしれない。

でもね、大丈夫。何も心配はいらない。


にっちもさっちもいかなくなった時、心の中で唱えてみよう。

それ、勝手な決めつけかもよ？

2021年5月　阿部広太郎

この本をつくるにあたり力を貸してくださったみなさん（敬称略）

「はじめに」という名の「招待状」

第2章 現在篇・今こそ積極的な受け身を

第3章 過去篇・「今思えば」は魔法の言葉

第4章 未来篇・解釈する先に人は進める

制作中の原稿に「解釈」を寄せてくれたみなさん

阿部愛美、荒川ゆうこ、石神慎吾、市川華子、稲本朱珠、上田千尋、ウシジマナツミ
内田泰歩、大塚啓志郎、金津孝彦、河田慎、河野瑞紀、川西克典、木村涼、小池永莉
後田将人、櫻井恵、庄司寛、鈴木ユースケ、髙石美由紀、髙島菜帆、高橋知也、高橋良太
立野瞳、千葉和、茶圓恵太、辻竜太、出町祐貴、徳田葵、中尾真理、中川奈津希
西川なつか、広田幸子、ふくままさひろ、藤本舞、星野正太、本田翔也、前川泰宏
松浦香織、松永光明、松本秀平、丸橋俊介、水野綾子、三宅里佳、森川ヨシキ
森田健太郎、守山智恵子、安田寧子、山下遥、河波まり

そして、ここまで読んでくださったあなた

それ、勝手な決めつけかもよ？

だれかの正解にしばられない「解釈」の練習

発行日　2021年5月30日　第1刷
2021年9月3日　第4刷

Author　阿部広太郎
Book Designer　カバーデザイン　井上新八
本文デザイン　岩永香穂（MOAI）

Publication　株式会社ディスカヴァー・トゥエンティワン
〒102-0093 東京都千代田区平河町2-16-1 平河町森タワー11F
TEL　03-3237-8321（代表） 03-3237-8345（営業）
FAX　03-3237-8323
https://d21.co.jp/

Publisher　谷口奈緒美
Editor　大竹朝子 渡辺基志 橋本莉奈

Store Sales Company
古矢薫 佐藤昌幸 青木翔平 青木涼馬 越智佳南子 小山怜那 川本寛子 佐藤淳基 副島杏南
竹内大貴 津野主揮 野村美空 羽地夕夏 廣内悠理 松ノ下直輝 井澤徳子 藤井かおり
藤井多穂子 町田加奈子
Digital Publishing Company
三輪真也 梅本翔太 飯田智樹 伊東佑真 榊原僚 中島俊平 松原史与志 磯部隆 大崎双葉
岡本雄太郎 川島理 倉田華 越野志絵良 斎藤悠人 佐々木玲奈 佐竹祐哉 庄司知世 高橋雛乃
滝口景太郎 辰巳佳衣 中西花 宮田有利子 八木眸 小田孝文 高原未来子 中澤泰宏 石橋佐知子
俵敬子
Product Company
大山聡子 大竹朝子 小関勝則 千葉正幸 原典宏 藤田浩芳 榎本明日香 王廳 小田木もも
佐藤サラ圭 志摩麻衣 杉田彰子 谷中卓 橋本莉奈 牧野類 三谷祐一 元木優子 安永姫菜
山中麻吏 渡辺基志 安達正 小石亜季 伊藤香 葛目美枝子 鈴木洋子 畑野衣見
Business Solution Company
蛯原昇 早水真吾 安永智洋 志摩晃司 野﨑竜海 野中保奈美 野村美紀 林秀樹 三角真穂
南健一 村尾純司
Corporate Design Group
大星多聞 堀部直人 村松伸哉 岡村浩明 井筒浩 井上竜之介 奥田千晶 田中亜紀 西川なつか
福永友紀 山田諭志 池田望 石光まゆ子 齋藤朋子 竹村あゆみ 福田章平 丸山香織 宮崎陽子
阿知波淳平 石川武蔵 伊藤花笑 岩城萌花 内堀瑞穂 小林雅治 関紗也乃 高田彩菜 巽菜香
田中真悠 田山礼真 玉井里奈 常角洋 道玄萌 中島魁星 平池輝 星明里 松川実夏 水家彩花
森川智美 森脇隆登

Proofreader　株式会社鷗来堂
DTP　株式会社RUHIA
Printing　日経印刷株式会社

ISBN978-4-7993-2737-1